에세이로 써 본 나의 수필론

에세이로 써 본 나의 수필론

이동민 수필론

수필과비평사

책을 내면서

나는 30년 너머 수필을 써왔습니다. 수필집도 10권 쯤 냈습니다. 내가 처음으로 수필을 만난지도 수 십 년이 흘렀습니다. 그 동안에 수필이론은 전혀 변화가 없었습니다. 불만이면서도 입을 꾹 다물고 있은 것은 대구라는 좁은 지역에서만 활동해온 내가 감히 이론을 말하다니…, 하는 자격지심 때문입니다. '임금님의 귀는 당나귀 귀라는…'말을 너무 하고 싶어서 '임금님의 귀는….'라는 말을 땅에 묻는 심정으로 에세이 형식의 내 글을 책으로 표명해보았습니다.

수필론을 말하시는 분들은 하나같이 수필은 주제의 문학이다. 라고 합니다. 이 말에 조금이라도 흠집을 내서는 안된다고 하였습니다. 그러나 주제를 어떻게 전달해야 하느냐 대해서는 별 말이 없습니다. 내가 수필쓰기에 재미를 강조하니까. 문학을 전공하시는 교수님이 내 말을 아주 강한 어조로 비난해습니다.

이제는 주제만 붙들고 있을 것이 아니라, 주제를 어떻게 전달하느냐의 전달 방식을 말해야 한다고 생각합니다. 내가 제미라고 말하는 것은 주제론을 부정하는 것이 아니고 전달 방식을 말하는 것입니다. 주제론이 불가시리가 되어서 수필의 다양한 논지들을 모두 집어삼켜서는 안 딘다고 생각합니다. 주제론이 수필마저 집어삼킨 것은 아닐까요.
 어쨌거나 수필에 관하여 이런저런 이야기를 에세이 형식으로 써보았습니다. 한 번 읽어주시면 감사하겠습니다.

이동민의 책

1. 떠내려 간 고향　　　　　　1994　수필집
2. 지금, 우리가 사는 세상은　　1996　수필집
3. 우리 시대 이야기　　　　　1999　수필집
4. 우리 아이는 잘 자라고 있는가?　2000　육아책
5. 감각의 제국, 그 벽속에　　2003　수필집
6. 팔공산(1)　　　　　　　　2004　문화답사기
7. 뭐하는 짓이고?　　　　　　2006　수필집
8. 수필, 누구를 쓸까.　　　　2008　수필교재
9. 문학치료와 수필　　　　　　2009　교양서
10. 수필, 어떻게 쓸까　　　　2010　수필교재
11. 수필쓰기 방법론, 넷　　　2010　수필교재
12. 한국 근, 현대 서예사　　　2011　미술사
13. 조선 후기 회화사　　　　　2011　미술사
14. 잘 사는게 뭐지?　　　　　2012　수필집
15. 백수가 쓴 일기　　　　　　2012　일기
16. 도원에 부는 바람　　　　　2013　소설
17. 우리 집안 이야기　　　　　2014　우리집 역사
18. 어머니의 눈물　　　　　　2014　수필선집
19. 중국 고대 미술사　　　　　2014　미술사

20. 어머니, 그리고 여신 신화	2016	교양서
21. 팔공산(2)-개정판	2016	문화답사기
22. 영감탱이로 살다	2018	수필집
23. 대구의 수필가(1)	2018	수필평론
24. (새로운 수필쓰기) 시도	2019	수필론
25. 조선을 그리다	2021	소설
26. 우린 친구가 맞지	2021	수필집
27. 노인으로 살아가기	2022	교양서
28. 노년의 일상	2023	수필집
29. 준하야, 아이는 배우면서 자란다.	2023	교양서
30. 나 글을 내가 읽다.(대구 수필가 2)	2024	수필평론
31. 절집을 찾다(1)	2024	문화답사기
32. 절집을 찾다(2)	2024	문화답사기
33. 잡초는 뽑히지 않는다	2025	수필집

차례

책을 내면서

10   수필이란 무엇일까?
16   수필론을 바꾸면 아니 되는 일일까
25   우리 수필, 지금 어디에 있는가
39   수필은 산문문학의 특성을 지닌다
45   수필은 문자(언어)를 사용하여 만든다
49   언어로 나를 사실대로 표현 할 수 있을까
59   수필 쓰기는 반쯤 말하기이다
73   수필에서 표현한 것이 사실일까. 아니면…
81   수필 쓰기 문장의 실재를 봅시다
89   수필은 독자가 재미를 느끼는 것이 먼저이다
98   수필에서 사례를 보자
102 수필쓰기-상상력을 활용하자
110 수필은 일상을 다루는 문학이다
124 일상, 그리고 쇼(show)하기
136 수필은 나의 일상을 다루는 글쓰기이다

148 수필에서 자아 정체성을 어떻게 표현할까
161 은유와 환유의 방법으로 나를 찾아가 보자
170 수필쓰기에서 나를 표현하는 시제와 인칭은
182 수필의 아름다움은 진정성에 있다고…?
195 일본의 사소설을 통하여
195 우리 수필을 생각해본다
201 재미 있는 수필쓰기
210 재미란 무엇인가
215 수필을 재미있게 쓰자
228 언어와 놀이
236 사이버스페이스(가상세계)로서의 수필
248 수필을 키치화 하자
255 사실과 진실은 어떻게 다를까
272 오늘의 작가란

수필이란 무엇일까?

수필은 문학의 하위 장르이다. 수필이란 무엇일까, 라고 할 때는 문학의 하위 장르로서 다른 장르와 어떻게 다른가를 묻는 것이다. 어떻게 다를까?

문학을 문장으로 하위 장르임을 분류할 때는 수필은 운문이 아닌 산문으로 분류한다. 운문은 규칙성을 전제로 하여 운율을 기본으로 드러내기 위해서 다듬은 문장이라면, 산문은 운율의 규칙성을 무시한 문장이다. 운율의 관점에서 보면 다듬지 않고 조잡하게 표현한 문장이다.

산문이 나타나는 역사적 배경을 보면, 산업사회가 되고, 학식이 모자라는 노동자 계급이 사회의 주역으로 등장하면서, 이들을 위한 문장 형태가 필요했다. 산문은 의미 전달이 중심인 문장이다. 그것도 쉽게 전달이 되어야 한다. 의미의 전달을 위해서는 교육기관에서 배운 논리적이고, 합리적인 방법이어야 한다. 문장도 이성적 논리에 맞추어 합리적으로 전개되어야 의미가 쉽게 전달된다. 논리적이고, 합리적이란 문법을 말한다. 문법에 맞추어서 문장을 만들어라는 뜻이다. 산문은 그와 같은 배경에서 태어났고, 그렇게 쓰여졌다. 은유와 환유라는, 대상을 삐딱하게 비틀어서 표현하는 시와는 다르게 내가 겪고 있는 현실의 삶을 거의 직설적으로 표현하는 형식이 산문이다. 의미 전달이 쉽다. 수필이 산문의 영역에 속하는 이상 문장은 당연히 산문의 특질들이 문장의 근간을 이룬다.

 같은 산문 형식의 문장으로 쓰여지는 소설이나 희곡이 의도적이고, 아주 조직적인 구성을 갖추었다면 수필은 느슨한 구성으로 자기의 생각을 자유롭게 가공하고, 자신의 감정을 느낀대로 표현한 글이다. 대표적인 산문 형식인 수필과 소설의 구별이랄까. 차이를 말할 때도 이 점을 많이 강조한다.

 문장으로 표현하는 글의 내용에서 수필과 소설의 넘을 수 없는 담은 바로 사실성과 허구성이다. 두 장르를 구별하는 정의가 그렇기 때문이다. 소설도 제 3자의 입을 통하여 작가가 자기의 생각을 가공하고, 자신이 느낀 감정을 표현한다. 3인칭 기법이라고 한다. 화자가 다르다는 것 뿐이지 펼치는 내용을 같다, 따라서 인칭으로 분류하기에는 무리가 따른다. 그러나 분명한 것은 소설은 허구의 이야기 만들기이지만 수필은 자신의 경험을 바탕으로 하는 사실을 표현해야 한다. 소설은 자신의 경험을 표현하더라도 허구인 척 표현한다. 작가가 자기의 인생을 바탕으로 하여 쓴 자전소설이라 하더라도 독자는 작가가 자신의 인생을 가공하였으므로 사실은 아니다, 라는 생각을 하고 읽는다. 수필은 사실을 허구처럼 표현할 수 없다. 사실을 사실로 표현해야 한다. 때문에 수필은 작가가 가공하여 허구가 어느 정도 포함되어 있더라도 독자는 사실이라고 믿고 읽는다.

수필은 소설과 구분하기 위해서 사실과 허구를 잣대로 삼지만, 수필 역시 문학이므로 문학의 공통적인 특성은 담아야 한다. 다시 문학이란 무엇인가? 요약하면 문학이란 다른 모든 예술과 마찬가지로 인간이 생활하면서 생겨나는 의식과 감정을 표현한다, 즉 인생을 표현한 것이다. 표현 방법은 언어라는 매개체를 이용한다. 다시 말하자면 문학이란 언어라는 매체를 통하여 인생을 표현하는 것이다.

지금까지 살펴본 것을 가지고 답을 만들어보자면 수필은 언어를 가지고 인생을 표현하는 것으로, 사실적인 표현을 특질로 삼는다, 고 하겠다. 더욱 더 요약하면 수필을 쓰는데는 인생이라는 자료가 있어야 하고, 언어라는 매체가 있어야 하고,

사실적이라는 질적 내용이 있어야 한다.

이제는 대표적인 수필이론가가 내린 수필의 정의를 살펴보고, 이 책의 제목처럼, 언어를 사용하는 수필이 과연 사실 그대로 표현한 것일까를 생각해보자.

장백일은 이렇게 말했다.
"소재에 대한 작가 나름의 해석과 이해에 의미의 부여이되, 고백적, 자조 문학의 성격을 갖는다. 수필은 감동을 전제로 하되, 언어를 통해 인생을 새롭게 해석하고, 이해시키는 정서화된 사상을 전달하는 인간학이다."

장백일이 내린 정의를 꼼꼼이 읽어보면 일반적으로 말하는 문학, 수필에 대한 정의에서 크게 벗어나지 않는다. 여기서 주목해보아야 할 것이라면 고백적, 자조적 성격이다. 고백과 자조를 수필을 다른 장르와 구분하는 하나의 잣대로 보았다는 점이다. 고백적, 자조적 성격이라는 것은 바로 '자아'를 표현한다는 말이다.

다음은 도창희의 주장이다.
"수필의 기본은 미(美)의 추구이다. 그 외에도 쾌락성을 추구하고, 자아를 표현하는 진솔성이 있어야 한다."

이 말에서도 예술 일반의 특성을 말한다. 그러나 '자아를 표현하는 진솔성'에 대해서는 검토해 볼 가치가 있다고 생각한다.

차주환이 내린 정의를 보면, 오늘날 일반적으로 수용되는 수필론에 가깝다.

"수필은 산문 문학의 한 유형으로서 생활과 관련되는 모든 사물을 소재로 하고, 자아의 표출을 기본으로 하되, 어느 특정한 주의나, 주장, 지식 내용 전달을 일삼지 않는다. 체제에 제한이 없으나 대체로 독백 양식이다. 미지의 가장 이상적인 상대를 상정하여 일반적인 대화의 한계에 머문다."

여기서 눈을 끄는 대목은 '자아의 표출'과 '독백 양식' 이다. 독백도 자기를 드러내는 방법임으로, 결국 자기를 어떻게 표현하느냐가 답이다.

대표적인 수필 이론가 세 사람의 주장을 들어보았다. 공통적인 것이라면 '자아'의 표현이다. 그렇다면 수필가는 수필쓰기에 앞서 '자아'를 깊이 생각해보아야 한다. 자아(自我)는 물론 나를 일컫는 말이지만, 나라고 하지 않고, 나라는 말을 겹쳐서 (自와 我) 쓰는 이유라면 그냥 '나'가 아니고 진짜배기 '나'라는 뜻이다. 진짜배기 '나'를 아는 일은 어렵고, 어려운 일이다. 수필쓰기가 그만큼 어렵다는 뜻이다. 그렇더라도 나를 표현해야 하는 것이 수필가이다.

　새로운 수필쓰기에 대한 모색은 전통적인 수필론에서 문제점과 대안을 찾아보고, 대책이나 새로운 방향으로 나아가는 길 찾기 이다.
　전문가의 수필 이론을 따져보기 전에 수필은 산문 문장으로 쓴다는 사실이 더 근본적이지 않을까. 그렇다면 우리가 알고 있는 수필론부터 검토하면서 좀 더 상세히 알아보도록 하자.

수필론을 바꾸면 아니 되는 일일까

내가 등단하고 얼마 지나지 않아서 이다. 그때는 유홍준의 '문화유산 답사기'가 독서계에 쓰나미를 일으켰다. 마침 대전에서 수필 세미나가 열려서 나도 참석했다. 오랜 시간이 지났고, 반드시 기억해두어야 한다는 생각도 없었다. 그래서 기억이 흐릿하여 지금 내가 기억하고 있는 것이 정확하지 않을 수도 있다. 그러나 기본 취지가 다른 것은 아니라라고 생각한다.

먼저 대학에 있다는 젊은 강사분이 발표하였다. 그 강사의 발표문 주제가 무엇이었는지도 생각나지 않지만, '유홍준의 문화유산 답사기'를 수필의 범주에 넣어야 한다는 주장을 했다. 흐릿하나마 지금도 기억에 머물고 있는 이유라면 다음 차례로 발표하신 원로 수필가 분 때문이다. 그 분은 아주 거칠고 격앙된 말투로 '젊은 사람이……' 하는 전제의 말을 몇 번이나 되풀이 했고, 말의 요지는 수필일 수 없다는 반박이었다. 반박이라기보다는 꾸지람처럼 들렸다. 아마도 내가 지금껏 기억의 한 자락이 남아 있는 이유라면 말씀하신 내용보다는 원로 수필가님의 격앙된 표현 때문이 아닐까 싶다.

그의 말을 되살려 보자면 '이걸 수필이라고? 수필의 형식이라고는 아무리 찾아보아도 찾을 수 없다.'는 것이 요지였다. 어쨌거나 '문화유산답사기'는 예술의 기본 조건이라는 감성적 요소가 결여되었고, 지식의 전달이 목적인 글이어서 그때의 수필론으로 보자면 수필의 범주에 넣기에는 문제가 있는 것도 사실이었을 것이다. 그러나 수필이 나아갈 길을 모색하자는 젊은 교수의 주장을 검토는 해보아야 하지 않을까.

그때 나는 수필이 무엇인지도 모르고 참석하였으므로 누가 옳고, 그르다는 판단을 할 처지가 아니었다. 그 이후로 대구에서 영남수필회 회원으로 활동하면서 교조주의적 수필이론을 귀가 아프도록 들었고, 그 이론에 맞도록 글을 썼다. 내가 수필문예대를 운영하면서도 처음으로 수필공부를 한다는 사람에게 역시 전통적인 수필이론으로 지도했다. 2000년대에 들어서서 대구의 문학평론가 김양헌이 대구문협지에 1960년대에 대구에서 수필작가가 수필을 쓴 이래로 조금의 변화도 없이 지금까지 되풀이, 되풀이 하는 수필의 양상을 신랄하게 비판하였다. 영남수필의 원로 수필가님들은 수필의 비판에 화를 버럭 냈고, 나도 동조했다. 지금 생각하면 부끄러운 일이다. 평론가의 지적을 깊이 있게 검토할 생각은 않고, 비판을 받는다는 사실이 수필가인 우리의 자존심을 다치게 함으로 기분을 나쁘게 하였던 것이다. 어쩌면 우리가 화를 낸 이유에는 우리도 이미 알고 있는 부끄러운 부분을 지적했기 때문이 아닐까. 그것을 수용하지 못하고, 나의 부끄러운 부분의 노출에 오히려 화를 냈으니…, 나중에 심층심리학을 공부해 보니 옳고, 그르다는 판단에 앞서 나의 자존심이 상처를 받았다는 것이 화를 낸 이유라고 했다. 그래서 우리 수필이 지금도 1960년대에서 한 걸음도 나아가지 못하고 있는 것이 아닐까.

또 하나는 영남수필문학회에서 같이 활동하였던 김태원 선생님의 주장이다. 그가 주장하는 요지는 김규련의 '거룩한 본능' 중의 내용이 사실이 아니라는 것이다. 그는 사실 여부를 알아보기 위해서 이 수필의 배경지인 영양군 수비면을 직접 찾아가서 확인하였다고 했다. 그러면서 '황새가 목을 감고 죽은 사실은 전해오는 이야기도 없다.'라고 했다. 이 사실을 논문 형식(?)의 글을 써서 윤재천 선생이 주재하는 '수필학'에도 실린 것으로 알고 있다. 내가 선생님더러 '그러면 수필에 일체의 허구도 허용되지 않느냐.'고 하였더니 허구를 완전히 배제하자는 것은 아니라고 했다.

도저히 납득할 수 없는 허구를 수필의 이름으로 교과서에 실었다는 것이다. 나도 그 부분에서는 의아하였지만 전설이라면 가능하지 않을까 라고 했더니 선생님의 말은 전설로 내려오는 이야기도 없으니, 순전히 조작이라는 것이다. 나는 수필쓰기에서 조작의 필요성도 인정하는 편이었다. 그러나 조작의 정도가 어디까지여야 하느냐는 조작을 인정하는 것과는 다른 문제라고 생각한다.

그때의 수필 정론 중의 하나는 '글은 그 사람의 인격이다.'이다. 이런 것도 '거룩한 본능'이 애정을 강조하기 위해서 목을 감았더라는 표현에 영향을 주었다고 해두자. 이런 표현을 하였으므로 작가는 글에서 자신을 애정을 긍정하는 인품을 갖춘 사람으로 포장하였다면, 이것은 글과 작가의 괴리를 불러와서 글에서 자신을 거짓으로 인품을 갖춘 사람으로 도색한 것이 된다. 오히려 비인격자가 되는 것이다. 김태원 선생의 속 뜻도 바로 수필가의 이중성을 지적하였다. 수필의 인품론에 스스로 갇혀버린 수필가는 종종 자신의 자화상을 너무 미화하다보니 오히려 서글프게 표현하는 경우도 적지 않다. 이런 이유로 우리 수필은 경건주의, 엄숙주의에 아주 깊이 빠져버렸다.

김태원 선생은 이 일로 대구에서는 유명해졌다. 어떤 수필가는 나더러 이런 말도 했다. '그냥 그렇게 넘어가면 되지 꼭 따지고 들어야 하느냐.'라며 곱지 않은 시선을 보내기도 했다. 김태원 선생이 남을 헤집는 비인격자라는 것이다. 그러나 김 선생님의 별난 행동은 '거룩한 본능'에 국한 된 것이 아니고, 수필 전반에 대한 그의 시각을 표현한 것이다. '거룩한 본능'은 김태원 선생이 자기의 주장을 펼치기 위한 하나의 사례였을 뿐이다. 대구의 수필이 수필의 정론에 도취되어서 엄숙하고, 도덕적인 틀 속에 갇혀버린 것을 비판하는 것이 그의 목적이었다. 그래서 그의 시각은 평론가 김양헌의 지적과 일맥상통하는 것이다. 대구의 수필이 수십년을 한 발자국도 움직이지 못하고 있는 이유가 바로 '꼭 따지고 들어야 하느냐.'고 말하는 대구 수필가의 의식 때문이라고 생각한다. 우리는 김태원이나, 김양헌의 지적을 아프게 받아들이고, 새로운 수필론을 모색해보는 노력을 기울여야 하지 않을까. 우리는 그렇게 하지 않았다.

나는 내가 경험한 두 개의 사례를, '문화유산답사기'와 '거룩한 본능'을 예로 들어 보았다. 두 글의 특징이라면 많은 독자를 확보한 글이라는 것이다. 차이라면 '문화유산답사기'는 독자들이 스스로 찾아서 읽었다. '거룩한 본능'은 교과서에 실리므로 타의에 의한 선택이었지만 한국 수필에 미친 영향은 아주 아주 크다. '거룩한 본능'은 한국 수필의 전범이 됨으로 한국 수필은 엄숙해지고, 경건해졌으며, 도덕책을 닮은 내용이 되었다. 그때 내가 많이 듣는 말은, 수필가가 쓴 책은 팔리지 않는데, 비수필가가 쓴 책은 베스트셀러가 된다는 사실이었다. 수필가의 말투에는 자신에 대한 반성보다는 독자를 나무라는 투였다. 나는 우리 수필가의 이런 태도부터 바꾸어야 한다고 생각한다. 내가 독자를 설득하여 재미는 없더라도 수필이 좋은 글이니 읽도록 지도하든지, 아니면 독자의 취향에 맞도록 우리의 태도를 바꾸든지 해야 할 것이다.

내가 생각하는 정답은 우리가 태도를 바꾸는 것이다.

수필가의 글이 읽히지 않는 것을 두고 독자를 나무라기 전에 먼저 수필가가 반성해야 한다. 방법 중의 하나는 독자들이 많이 읽는 책을 참고로 하여 그 책에서 배울 것은 배워야 한다. 대표적인 책이 바로 '문화유산답사기'이다. 독자들이 선택한 이유라면 재미있기 때문이다. 지식의 전달은 어렵다고 생각한다. 그는 역사와 문화라는 지적 이야기를 쉽게 가공하여 독자에게 가져왔다. 여기서 배울 점은 재미있는 글을 쓰자, 이다. 내가 재미있는 글을 이야기하면 거부감을 나타내는 수필가들이 많았다. 우선 '재미'라는 것을 부정적으로 보고 있었다. 수필은 인품을 담는 진지한 글이라는 것이 우리의 머리를 메우고 있기 때문일 것이다. 우리가 어릴 때 만화책을 보면, 공부하는 학생이 쓰잘데기 없는 책을 본다고 나무라던 우리 부모님의 태도와 같다.

수필은 지식을 전달하는 것이 아니다. 이것은 수필의 정론이다. 한 때 '장미꽃'을 수필로 쓸 때 장미꽃에 관한 지식을 길게 나열하기도 했다. 그러나 지금은 이런 것은 수필에서 금기시함으로 요즘에는 그런 글은 거의 보이지 않는다. 그러나 지식을 재미 있게 각색한다면 독자가 쉽게 다가갈 수 있을 것이다. 얼마나 각색해야 할까. 내 생각으로는 독자가 눈치 채지 않도록 하여야지 않을까.

'문화유산답사기'의 경우는 전통적인 수필론을 내세우면서 일언지하에 거부감을 나타낼 것이 아니라 배울 점이 있다면 우리의 수필론을 바꾸면 아니될까.

나는 '문화유산답사기'가 독자의 시선을 끄는 이유를 '재미'라고 보았다. 그렇다면 수필론에 '재미'를 가져오면 아니될까. 수필을 지적 표현을 하는 것이 아니라, 감성적으로 표현하는 것이 좋은 수필이라는 것이 수필론이라면, 지식을 재미 있게, 그리고 감성적으로 표현하는 방법을 찾아서 수필론에 받아들이는 것이 우리 수필이 대중과 친해질 수 있는 방법이라고 생각한다. 우리는 이런 모색을 하지 않았다는 것이 나의 생각이다. 그래서 김양헌이 우리 수필은 1960년 대나 지금이나 하나

도 변하지 않고 그대로라고 지적하였을 것이다

 거룩한 본능의 경우 황새가 목을 감고 죽었다는 사실은 누가 보아도 왜곡 내지 조작이라는 사실을 알 수 있다. 독자가 눈치를 챈다는 것이다.

 문화유사답사기에 대흥사—초의선사—추사—원교 이광사가 얽힌 현판 이야기가 나온다. 추사의 행동은 감동을 준다. 그러나 이것은 실재로 일어났던 일이 아니고 하나의 전설이라고 한다. 아니면 조작인지도 모른다. 그러나 독자는 전설이거나, 조작이라는 것을 전혀 눈치 채지 못한다. 분명한 것은 '진실'이 담겨 있기에 독자에게 감동을 준다. 수필에서는 감동이 바로 재미와 동의어이다.

 다시 말하지만 수필에서 조작을 절대로 허용해서는 안된다라기보다는 조작을 하더라도 독자가 눈치채지 못하게 하자는 것이다. 조작이라는 말은 수필에서도 어느 정도의 허구를 인정하자는 주장으로 이해해주기 바란다.

 내가 수필을 배우기 시작하였을 때는 수필 정론이 '문화유산답사기'를 수필로 받아들일 수 없도록 하였다면, 이제는 수필로 수용할 수 있도록 수필론을 바꾸어야 한다. 아마도 지금은 바꾸어져 있는지도 모르겠다. 왜냐면 수필에서 '문화유산답사기' 류의 글을 종종 만날 수 있기 때문이다.

나는 '문화유산답사기'을 수필로 인정하자고 주장하던 젊은 교수(?)의 용기는 정말 가상하다고 생각한다. 우리는 용기는 커녕, 슬쩍 실험작품을 써보는 일도 하지 않았다. 그래서 대구의 수필은 50년 전이나, 20년 전이나, 그리고 지금도, 변하지 않는 그 얼굴을 그대로 이다.
  내가 이런 주장을 하면, 또 비난을 할까.

우리 수필, 지금 어디에 있는가

나는 수필평단이라고 해야할까. 오늘의 우리 수필을 평하는 글을 중심으로 우리 수필의 현주소를 짚어보고자 한다.

어느 시대이건, 어느 분야이건 그 시대를 관통하는 가치가 있다. 어느 가치이든 변하지 않고 고정 되어 있는 것은 없다. 시대가 바뀌면 가치도 바뀐다. 그렇다면 오늘을 지배하는 가치는 무엇인가. 명작으로 알려진 작품은 그 시대를 잘 반영하였다는 평을 듣는다. 우리 수필은 오늘의 가치를 얼마나 잘 표현하고 있을까? 내 생각으로는 우리 수필이 옛날에 갇혀 있어 오늘을 표현하는 데는 미흡하다는 생각이다

움직이는 것은 살아 있는 것이고, 살아 있는 것은 앞으로 나아가면서 새로움을 추구한다. 움직임이 없으면 변화가 올

수 없고, 변화가 없는 것이라면 살아 있다고 할 수 없는, 즉 죽음이란 뜻이다. 우리 수필이 이런 상태가 아닌가라고 생각해 본다.

주변의 수필가를 만나보면 하나 같이 우리 수필도 변화가 와야 한다고 말한다. 그런 목소리를 내는 여러 이유 중의 하나로 독자가 없는 글이라는 자책이 있다. 내가 과문한 탓이겠지만 어떻게 글을 써야 독자가 읽을 수 있는 지의 방법론을 구체적으로 들고 나오는 수필이론가는 생각나지 않는다.

오늘의 여러 문화 교실에서 수필쓰기를 지도하는 사람을 수필문단의 지도자라고 한다면, 이들은 캐캐묵은 지난 이론을 작년에도, 금년에도 앵무새처럼 되풀이 한다. 되풀이, 되풀이 하다 보면 글쓰기의 법칙으로 고정되어 버린다. 법칙이라면 매뉴얼이다. 매뉴얼이 되면 지키지 않는 그 자체가 잘못이다. 수필쓰기도 매뉴얼 화 되어버리면 수필평에서 글의 내용이나, 형식이 아닌, 매뉴얼에 충실하였는가의 여부가 좋은 글과 나쁜 글로 나누는 잣대가 된다. 매뉴얼에 갇힌 수필은 움직임이 없으므로 변화가 일어날 수 없다. 살아 있는 글이라고 할 수 없다.

문학은 예술이고, 예술의 특성은 상상력이다. 메뉴얼에 갇혀 버리면 상상력이 활동할 영역이 없어져 버린다. 미술은 손재주를 필요로 하는 예술 분야이다. 손재주를 익히는 훈련을 하는 것이 미술 공부의 기본이었다. 미술 지망생은 아주 일찍부터 댓생을 하였다. 그러나 댓생이 손에 익어버리면 상상력을 발휘할 수 없다 하여, 댓생을 강조하지 않는 것이 오늘의 추세이다. 미술대학 입학시험에 실기(댓생)를 하지 않는 곳도 있다. 수필 교실에서 문장 만들기에 토씨까지 따지면서 가르치는 것은 미술의 댓생을 실습시키는거나 다르지 않다. 작가의 상상력을 빼앗아 가는 수업법이다.

또 하나는 수필 교실 운영자에게 묻고 싶은 것이 있다. '당신은 문학을 가르치는 것입니까? 국어를 가르치는 것입니까? 아니면 다른 무엇을 가르치십니까?' 바보 같은 질문이지만 수필은 문학이다. 언어라는 방법을 통하여 표현되는 예술이다. 국어는 언어를 언어이게 하는 것으로 수필을 실어나르는 수레이지 수필이 아니다. 문학강의에서는 수레인 국어를 튼튼하게 하는 것은 중요하다. 그러나 문학이 더 우선이라는 사실을 말하고 싶다. 이런 말을 하는 이유는 수필 지도 선생님 중에 문학의 의미를 잊어버리고 문학이 국어에 봉사하도록 하는 분도 계시는 것 같아서 노파심에 질문해 보았다. 내 생각으로는 수필을 지도한다면 국어는 부수적인 것으로 주인인 문학에 봉사해야 한다.

그렇다면 수필가가 변화된 시대에 맞추어 새로운 형식의 글쓰기를 시도하고 있는가. 그런 수필가를 만나는 일도 어렵다. 변화를 시도해보려면 수필가는 우선 많이 알아야 한다. 다른 작가의 글을 많이 읽고, 문학이론도 많이 공부해야 한다. 문학이론만이 아닌 국어도 물론 알아야 하고, 다른 분야의 예술 이론도 공부해야 오늘의 우리 수필이 어느 위치에 머무는지 알 수 있다. 많이 알아야 우리 수필을 어느 방향으로 끌고 가야 할지를 가늠할 수 있다.

  우리 수필의 현 주소를 보여주는 안타까운 사건도 있다. 수필 평에 작가의 마음에 들지 않는 평을 하였다고 하여 쌍말로 욕질을 하였다는 소식도 들려온다. 작가와 비평가가 사이가 좋지 않은 것은 어제, 오늘의 일이 아니고 예전부터 있어 온 역사적 사실이다. 재미 있는 사실은 악평을 받은 작품은 예술사에서 살아 남았고, 악평을 한 비평가의 이름은 남아 있지 않는 일도 비일비재하다. 이런 경우는 작가가 새로운 시도를 하였고, 비평가는 전통적인 방식으로 평하였다. 즉 매뉴얼에 얽매여 변화를 받아들이지 못하였다. 그러나 우리 수필이 최근에 겪은 현주소는 작가가 자기는 매뉴얼(수필이론)에 맞추어 글을 썼다고 거칠게 항의하였다니, 이제는 비평가가 새로운 방향을 제시하려고 함부로 입을 떼기가 어렵다, 그렇게 하려면 대단한 용기가 있어야 하겠다. 작가는 비평가의 평이 마음에 들지 않는다고 하여 꽁한 생각을 할 필요가 없다. 그건 어디까지나 비평가의 생각일 뿐이다. 비평가의 글에 신경을 곤두세우다 보면 자기의 길을 찾아나서는 일은 더더욱 어려워진다. 악평에 화를 내지 말고, 작가는 내 방식대로 꾸준히 글을 쓰는 것이 더 바람직하다.

수필 평을 하는 분들이 오히려 우리 수필의 발전을 저해하는 요인이 되기도 한다. 적어도 수필평자라면 수필이론은 물론이고, 타 장르 예술의 많은 이론도 섭렵하여야 한다. 쉽게 말하자면 공부를 많이 하여 안목을 넓혀야 한다. 그렇게 해야 전통적인 수필이론에서 벗어나는 글도, 즉 매뉴얼에 의거하여 쓰지 않은 글도 올바르게 평가할 수 있다.

부끄러운 말이지만 수필평을 한다면서도 타인의 수필을 읽지 않을뿐더러 예술론에 관한 공부를 거의 하지 않는 평자가 많다. 그러니 오늘의 가치가 무엇인지도 모른다. 내 경험으로는 거의 대부분의 수필 평자가 이런 사람이라고 해도 지나친 말이 아닐 듯하다. 공부하지 않는 평자가 어떻게 좋은 평을 할 수 있을까. 이런 분일수록 자기가 아는 짧은 이론을 금과옥조로 과신하면서, 그 이론에 조금 어긋났다고 하여 지나친 악평을 하는 것을 더러 보았다.

또 하나는, 대부분의 수필가들은 문학모임에 참여하고 있다. 문학모임은 거의 대부분의 경우에 모임 자리에서 서로의 글을 평하는 일을 한다. 내 경험으로는 이런 자리에서는 모임의 원로 문인이 평을 주도하였다. 그 분의 평은 절대적인 권위를 가지고 있으므로 반대의 의견을 말하지 못한다. 일반론적인 말을 하자면 원로라는 말은 보수성이 강하다는 뜻이다. 이분들은 새로운 변화를 추구하기에는 부적절한 평을 많이 한다는 것이다. 이런 자리일수록 새로운 주장이 나와야 하고, 새로운 주장을 두고 토론이 있어야 하지만, 내가 수필문학 단체에 참여하였을 때는 이런 일은 일어나지 않았다. 지금은 다를까? 어느 분이 내게 말했다. 우리 모임에서는 한 분만 떠들고 다른 분들은 쥐 죽은 듯이 고요합니다. 이런 분위기를 벗어나서 달라져야 하는 것이 바람직한데도, 들리는 말로는 예전이나, 지금이나 같다고 하였다.

이 정도는 그래도 좋은 모임이다. 아예 문학 이야기는 꺼내지도 않는 모임도 있다. 모여서 밥이나 먹고, 시중에 떠도는 이야기나 나눈다. 심지어는 모임이 활성화되려면(활성화의 의미가 모임에 참여도가 높다는 뜻) 문학 이야기 같은 골치 아픈 이야기를 해서는 안된다. 고 하는 말도 들었다. 이런 문학 모임이라면 문학 모임이라는 이름을 붙일 수 있을까. 만들 필요가 있을까, 라는 의문을 가진다.

수필가 분들 중에 간혹 글쓰기보다는 자신의 명예욕을 충족시키는 방법으로 수필가라는 명분을 활용하는 경우도 있다. 이런 분들의 특징이라면 지나치리만큼 감투에 집착한다. 감투라는 것은 명예만을 따먹는 자리가 아니고, 봉사를 전제하는 일꾼의 자리이다. 그런 분들의 글을 찾아보기는 아주 어렵다. 명함에는 화려한 감투들이 장식을 많이 하여 눈이 부시다. 이런 분들이 어떻게 수필의 미래를 이끌어 간다고 할 수 있는가.

　내가 더 심각하게 생각하는 문제는 수필 전문지이다. 1980년 대에는 우리나라에 수필 전문지가 4 종류(?=수필문학, 한국수필, 수필공원, 수필?.) 쯤이었다고 생각한다. 이때는 잡지를 발행하시는 분은 나름대로 자부심을 가지고 등단제도를 통해서 작가를 발굴한다는 책임 의식이 있었다. 그래서 등단을 했다면 주변에서 수필작가로 인정해주었다. 그만큼 잡지를 발행하시는 분이 수필문단에 끼친 공로가 있었다. 반대 급부로 이분들의 횡포도 있었다. 횡포 중의 하나가 자기의 잡지를 중심으로 모임을 만들어서 영향력을 행사하는 일이다. 가장 대표적인 것으로 꼽자면 문학상을 만들어서 작품의 질이 아닌 다른 잣대로 상을 주는 것이다. 그러나 눈살을 찌푸릴 만큼 심하지는 않았다. 내가 수필 전문지를 좋지 않게 말하는 이유는, 지금의 잡지 발행인이 예전의 발행인들의 좋은 점은 배우지 않고, 나쁜점은 그대로 빼 닮았기 때문이다.

  수필잡지는 나름대로 수필론과 평을 싣는다. 수필론과 평을 담당하시는 분에 대해서도 우리가 살펴볼 필요가 있다.

  1990년대로 접어들면 수필전문지가 하나씩, 하나씩 태어나기 시작했고, 2000년 대가 지나면 수필전문지는 소나기처럼 쏟아진다. 수필전문지가 많아진 만큼, 잡지 경영에 경제적인 어려움이 따르기 마련이다. 수필잡지 발행인은 등단제도를 수필가의 발굴보다는 잡지 경영에 도움이 되는 방향으로 운영하는 경향이 나타나기 시작했다. 아직 수필 교실에서 공부 중인 수필가 지망생에게 등단이라는 과일로 유혹하는 일도 있어서, '입도선매'라는 말도 떠돌았다. 결과로 수필가의 수필이 수준미달이라는 말이 공공연하게 말해진다. 이런 이유로 대구문학지도 예전보다 작품의 질이 떨어진다는 말도 들린다. 오늘의 우리 수필이 문학이라는 관점에서 보면 문제가 많다는 것은 이미 모두가 알고 있는 사실이다. 책임 소재를 따진다면 여러 가지가 있겠지만 수필잡지 발행인도 꽤 무거운 책임이 있다고 생각한다.

  수필지가 너무 많이 발행되어서 숲을 이룬다. 수필지는 수필가에게 더 넓은 발표의 지면을 제공함으로 수필인에게 좋은 일을 하는 것은 맞다. 그러나 지면의 제공도 발행인이 자기와 관련이 있는 사람들에게만 시혜를 베풀 듯이 제공함으로 대부분의 수필가에게는 별로 도움이 되지 않는다. 그래도 발표 공간이 많으니……, 이라고 하겠지만 수필지마다 쏟아내는 수필가의 숫자기 헤아릴 수 없을 만큼 많다. 그 잡지는 그 잡지 출신의 수필가의 글도 수용하기가 어려운 형편이다. 수필가의 입장에서 잡지 수가 많다고 발표 지면이 넓어진 것은 아니다.

그래도 수필잡지를 통해서 수필이론이나 평을 담당하는 사람이라도 자기의 역할을 해주었으면 하는 바람이다. 수필이론을 담당하시는 분은 한국 수필의 미래를 이끌어 갈 책임을 짊어지신 분이다.

수필가에게 질문을 해보자. 당신의 머릿속에 남아 있는 수필이론가는 누구입니까. 대부분이 생각나지 않는다고 한다. 그러나 누구, 누구 라면서 이름을 대는 수필가도 있다. 대부분이 그 분의 수필론보다는 교수로서 이름이 알려진 분이고, 자기와 관련이 있는 잡지에 글을 싣는 분들이다. 그 분들이 어떤 주장을 하였는지를 질문해 보면 대답을 머뭇거린다. 사람은 떠오르는데 그 사람이 내 세운 주장이 생각나지 않으면, 생명이 없는 글을 썼다는 것이다.

수필론이라며 고정된 어떤 논지의 글로서, 이 평자나 저 평자가 같은 논리의 글이라서 구별되지 않는다면, 수필이론가라는 단어가 존재 가치를 잃게 된다. 수필론을 읽을 때도 외부적인 여러 요인들을 없애고, 수필론 자체만으로 읽고, 수필론의 내용이 떠올라야 한다. 외부적인 요인이란 교수라는 직책, 사회적인 명성, 내가 읽는 수필지의 앞 부분에 거창한 논지의 글을 자주 올리는 사람 등등의 요인을 모두 없애고 글만 읽고, 글의 내용만을 생각해야 한다는 뜻이다.

이론이라고 하여 법전의 법률처럼 반드시 지키기를 강요하는 논지인 것은 아니다. 같은 사항을 두고 얼마든지 다른 이론으로 쓰여질 수 있다. 수필이론가마다 다른 논지의 글을 발표하였다면, 그 논지는 이론가의 개성을 드러내는 것이 된다. 그 분만의 주장을 펼친 글이 생각나지 않는 수필이론가라면 이 또한 개성 없는 글을 쓰는 평자이다. 이것이 오늘의 우리 수필문단의 현주소가 아닌가 라고 생각해 보았다.

평론이 왜 문학의 장르인가를 생각해보기 바란다.

예전에 읽은 글인데, 소설에서도 신경숙의 '외딴방과 박완서'의 '그 많던 싱아는 누가 다 먹었을까.'를 비교하면서, 소설에서도 자기의 경험을 얼마나 솔직하게 표현하느냐가 독자의 관심을 끄는 관건이 된다는 이론 글을 읽고, 깨우친 점이 많았다. 나는 수필을 쓰면서도 나의 경험을 솔직하게 쓰지 않았다.

이유가 뭘까를 생각해 보았다. 무의식에 자리 잡고 있는 열등감, 수치심 등이 작용하기 때문이다. 극복할 수 있을까. 심층심리학을 공부하면서 무의식에 잠재 되어 있는 것들은 극복하기 어렵다고 배웠다. 수필론의 첫째가 사실을 글을 쓰자는 것이다. 수필 이론을 지키기가 현실적으로 어렵다는 것을 몸으로도 느꼈다. 그렇다면 다른 방법은 없을까. 완벽하지는 않더라도 사실을 솔직하게 드러내는 것을 대신하여 '진실'이라는 것을 생각했다. '진실론'은 나의 수필이론에서 근간을 이루게 되었다. 솔직하게 쓰도록 노력은 하자. 그래도 미흡한 부분은 진실론으로 메꾸자가. 지금까지 내가 지켜온 수필론이다.

수필가는 '누구'라고 이름을 대면, '아, 그 작가는 표현을 지나치리만큼 감성적으로 미화하여 글을 쓴다.'라든지, '서정성이 강하다든지.' 또는 '소설처럼 써서 재미가 있더라.' '단수필을 맛깔나게 쓰는 작가' 등등의 형용사가 붙는 작가가 더러 있다. 글이 좋으냐, 그렇지 않느냐를 떠나서 개성이 드러나는 글을 쓰는 작가이다. 내가 개성이 있는 글을 쓰는 몇 작가를 소개하였지만 우리 대구의 수필문단에서 울려오는 반향을 느끼지 못했다.

수필이론가의 개성 있는 주장도 생각나지 않는다. 왜 그럴까. 나는 이 이론가나, 저 이론가나 천편일률적으로 수필이론서에 나오는 내용을 베껴와서 앵무새처럼 반복하기 때문이라고 본다. 자기의 목소리가 없기 때문이라고 생각한다.

 또 하나의 유형을 보여주는 이론가도 있다. 자신의 평글에 세계적으로 유명한 문학 이론가의 주장을 소개하는 글이다. 지식을 넓히는 데는 도움이 되는 내용이지만 수필가의 글쓰기에는 얼마나 도움을 주었을까. 유명한 문학인의 이론서에 실려 있는 개념어를 그대로 가져와서 자기가 평하는 작품에 적용하여 글을 쓰는 경우는, 자기 지식의 과시는 되지만 실질적인 도움을 줄 수 있을까. 개념어는 전문가가 아닌 보통 사람이 이해하기 어렵다는 특징이 있다. 그 단어의 의미를 이해하지 못한다면 우리는 평글을 올바르게 읽을 수 없다. 글을 쓴 저자만이 이해하는 용어로 글을 평하는 사람도 바람직한 수필평론가는 아니다. 전달된 의미의 내용을 이해하였을 때라야 가능하다. 수필작가도 이해하고, 받아들일 수 있도록 평글을 써주기를 바란다. 그런데도 독자의 이해는 도외시하고, 어려운 용어를 사용하여 글을 쓰는 사람이 이외로 많다.

 작품 평에 기존의 문학이론을 가져오는 것이 나쁘다는 것이 아니고, 평글을 읽는 독자가 이해할 수 있도록 쓰자는 것이다. 서양에서 철학을 발표하는 형식의 글이 에세이라는 것을 생각하면 우리의 평자들은 평글을 너무 어려운 말로 표현하는 것은 아닌지 생각해 볼 일이다.

 현실적으로 우리 수필을 비난하는 위치의 사람은 수필 평론가들이다. 백보 양보를 하더라도 우리 수필에 비난만 퍼붓고, 비난에서 벗어날 수 있는 새로운 길은 제시하지 않는 것이 대부분이다. 수필 평론가도 우리가 '누구'라고 하면, 그 사람은 이런 주장을 한다는 것이 떠올라야 한다. 일반적으로 수필에서 작가의 개성을 주장하듯이, 수필 평론가도 교과서적인 내용만이 아닌 자신만의 개성이 있어야 한다는 것이 나의 생각이다.

다른 한편으로는, 주례사적인 평글을 쓰기도 한다. 이런 평글은 대체로 수필집에 많이 실려 있다. 수필집의 글을 소개하는 역할을 한다. 주례사적인 평글이더라도 평한 글을 읽은 독자가 수필집을 읽고 싶은 마음이 일어나도록 하는 내용이라면, 본래의 취지를 이루었으므로 좋은 글이 아니냐는 논설을 읽은 일도 있다. (원글은 미술도록에 실린 미술평을 논하는 논문이었다.) 그 논설도 일리는 있다고 생각한다.

나는 우리 수필의 미래를 이끌어 가는 일차 책임은 수필가에게 있지만 수필 평론가의 책임도 크다고 생각한다. 수필 평론가는 우위의 위치에서 내려다보면서 비난하고 꾸지람만 할 것이 아니라 활로를 열어주고 안내하는 역할을 해야 한다. 수필가는 수필이론가들이 제시한 방향으로 글쓰기를 시도함으로 침체된 우리 수필이 한 단계 도약할 수 있다고 생각한다.

그런 면에서 나는 평을 할 때 수필읽기에 재미가 있어야 한다는 주장을 해 왔다. 재미를 일으키는 여러 요소들을 나름대로 찾아보고, 또 글로 발표도 했다.

　나는 내 나름의 주장을 한다고 믿지만 내 주장에 귀를 기울이는 사람은 거의 없었다. 내가 잘 쓴 글이라고 평한 작가의 이름이 수필문단에 알려져 있지 않다는 사실이 내 주장이 수용되지 않는다는 방증이다.

수필은 산문문학의 특성을 지닌다

 수필은 산문 문장으로 쓴다. 수필을 이해하기 위해서 산문 문장을 이해할 필요가 있다. 산문 문장을 공부하면서 우리의 수필도 살펴보자.
 문장이란 단어들을 문법적으로 배치하여 하나의 통합된 의미나 느낌을 글자로 나타낸 것을 말한다. 따라서 문장의 본래 목적은 뜻의 전달이다.
 현대문학에서 수필을 문학의 한 갈래로 보는 데는 이견이 없다. 수필은 산문문학에 속한다는 것도 마찬가지이다. 운문은 언어의 배열에 일정한 규율이 있는 글로서 산문과 대립된다 운율은 일상의 세계를 어떤 미묘한 장식물(운율)로 둘러싸서 읽는 이의 마음을 사로잡고(감성을 자극하고) 황홀의 세계로 이끌어간다.

산문은 리듬이나 운율에 구애받지 않고 (운율의) 형식이 없이 생각과 느낌을 자유롭게 쓴 글을 말한다. 운문이 산문의 상대적이듯이 산문은 운문의 상대적이다. 일반적으로 일상적인 언어로 짜여 있는 글을 '산문'이라고 한다. 더 넓게 보면 문서류, 대화를 나눌 때의 언어까지도 포함한다.

운문이 최소의 단어로 최대의 의미를 드러내고자 하는 압축미를 생명으로 한다면 산문은 자유롭게 쓴 글 모두를 포괄하는 문학 형태이다. 산문은 명료성을 가장 중요하게 여긴다. 의미 전달을 중요시 한다는 것이다. 형식에서는 외형적 규범에 얽메이지 않은 자유로운 문장을 말한다. 산문문학의 보기로 수필과 소설을 들었다.

수필의 문장을 한 마디로 요약하면 산문이다.

산문에도 산문율이라는 리듬이 담겨져 있고, 운문에도 무운(無韻)이 있기는 한다. 만약 산문에 산문율이 없다면 자칫 딱딱하고 재미없는 문투가 되기 쉽다. 다시 말하자면 산문에는 운율이 전혀 없다는 것이 아니고 운율이 문장 구성에 중요한 의미를 지니지 않는다는 뜻이다. 그렇더라도 수필인이라면 산문율도 이용할 수 있어야 한다.

어쨌거나 운문과 산문의 특성을 요약하자면 운문은 심리적으로 감성에 호소하는 경향이 강하다면 산문은 문장의 명료성으로 의미의 전달에 더 무게를 둔다.

다시 살펴보면 문학의 장르 구분에서 운문과 산문이 일차적인 구분이 된다. 운문에 속하는 것은 시 장르이다. 산문에 속하는 장르는 수필과 소설이다. 가족 친화성으로 따진다면 수필은 소설과는 4촌 간이고, 시와는 8촌 쯤 된다. 문장만으로 따진다면 시와는 이쪽과 저쪽이라는 반대의 위치가 된다. 말하자면 문장으로 본다면 수필은 시보다 소설에 훨씬 더 가깝다.

수필문학을 운문문학에 속하는 시적 요소와 산문문학의 서사적 요소를 변증적으로 통일시킨 중간 장르적 속성을 가졌다고 설명하는 학자도 있다. 중간 장르적 속성이란 운문 언어의 간결성과 함축성, 감성, 음악성과 산문 언어에서 의미 전달을 명료하게 하기 위한 설명하기와 보여주기 서술 방식을 융합한 형태라고 설명한다. 변증론자의 수필 문장론이다. 이론적으로는 정말 멋진 문장형식 이다. 그러나 가능성과 효용성에서는 문제가 없을까?

수필 문장론은 결국 산문의 특성을 말하는 것이다. 더 좁혀서 말하자면 산문 중에서도 수필에 사용하는 문장의 특성을 찾아내는 것이 된다.

서양의 문자 발달의 과정을 보면, 인쇄술 등으로 문장을 길게 쓸 수 있으면서 사실적 표현에 유리한 긴 문장을 사용할 수 있게 되었다. 시처럼 짧은 문장은 표현력에서 약점을 가진다.

산문은 문장이 길어지므로 표현의 한계가 무한정으로 넓어질 수 있다. 문장이 길어지면 의미 전달을 분명하게 하기 위해서는 문장의 규약이나 논리를 잘 지켜야 한다. 수필이 긴 문장을 사용할 수 있다는 것을 이용하여 수필의 장점을 살려야 한다

 거듭 말하지만 수필은 산문문학이다. 이 말은 수필문장의 특성이 산문의 특성을 가졌다는 뜻이다. 결국 수필 문장론은 산문의 특성을 말하는 것이 된다. 수필 문장은 아름다운 외형이나 규범적 양식보다는 뜻의 전달이 더 중요하다는 것을 말한다. 수필이 산문 문장으로 쓰여진다는 것은 산문의 발생과 발전은 엘리트 계층이 아닌 대중과 관계가 깊다. 수필은 일반 대중이 수용하는 문학 장르라는 것이다. 대중이 사용하는 언어를 사용하는 것이 좋다는 뜻이다. 그만큼 수필은 대중사회이고, 민주사회인 오늘에 적절한 문학 장르이다.

 헤밍웨이는 '산문은 실내 장식이 아니라 건축이다.'라고 했다. 장식이란 아름답게 꾸미는 것을 말한다. 건축이란 기본 재료로 차근차근 구축해 나가는 작업이다. 이 말에서 산문이란 문장을 아름답게 꾸미는 글이 아니고, 법도에 맞추어 집을 짓듯이 합리적인 방법으로 만드는 글이라는 것을 알 수 있다. 아름답게 꾸미는 것은 다음의 일이다.

글이 길어지면서 뜻을 명료하게 하기 위해서 단어와 단어의 연결에 어떤 법칙을 적용한다는 것은, 헤밍웨이가 말하는 '건축이다.'라는 말과 같은 뜻이다. 문장 만들기에 만인이 공통으로 수용하는 법칙을 적용하여야 의미의 소통이 일어난다. 법칙이란 논리성이고, 합리성이다. 문장에서 법칙이란 바로 문법이다. 수필에서 문장은 문법을 적용하여 의미 전달을 분명하게 하는 것이 제일의 조건이다.

더 나아가서 한 문장이 끝나고 다음 문장으로 이어질 때도 기본 원리는 뜻이 논리적으로 연결되어야 한다. 일반적으로 앞 문장은 원인이고 뒷 문장은 그에 대한 결과의 형식이다. 문장과 문장이 질문에 대한 답의 형식으로 연결되어야 글 전체의 뜻이 명료해진다. 단락과 단락의 연결도 같다. 시의 행과 행의 이행이 운율에 맞추기 의한 것이지 왜에 대한 대답으로 이어지는 것이 아니다. 이 점에서 수필과 시는 문장론에서 근본적으로 다르다. 서로 대립적인 위치에 있으므로 (변증법적으로) 통합한다는 주장은 이치에 맞지 않다.

그렇다고 하여 문장율을 완전히 무시하자는 것은 아니다. 감성적인 표현으로 서정성을 불어넣는 것도 수필 문장론에 해당된다. 수필문장에도 너무 직접적인 의미 전달을 하기보다는, 중국 문학의 문장이론인 부, 비, 흥은 참고할만한 가치가 있다.

문장에서 의미 소통이 잘 일어나는 방법을 한마디로 요약하면 간단해야 하고, 쉬워야 하고, 의미 내용이 명료해야 한다. 미사여구나, 설명이 많은 글이나, 너무 논리적으로 구성하여 문장이 딱딱해지는 것은 수필에서는 좋은 문장이라고 하지 않는다.

 내용을 명료하게 전달하려는 문장이라는 점에서 보면 지시어는 될 수 있으면 구체적으로 표현해야 이해가 빠르다고 했다. '영희는 이쁘다. 그는 아침에 일찍 일어난다.'라고 하는 것보다는 '영희는 아침에 일찍 일어난다.'라고 하면 읽는 사람이 이해하기기 더 쉽다.

수필은 문자(언어)를 사용하여 만든다

　수필은 문자(문장)를 매개로 하여 쓰여진 문학의 한 장르이다.

　문자에 관한 플라톤의 의견부터 들어보자. 플라톤은 문자를 기술이라는 관점에서 보았다. 기술의 신인 테우스는 자기가 발명한 문자를 가지고 신들의 왕인 티우스에게 갔다. '이집트인들은 문자로 인해 훨씬 지혜로워지고 기억력이 좋아졌습니다.'라고 소개했다.,

　티우스 왕은 코웃음쳤다. 인간이 문자에 의존하게 되면 오히려 기억력이 감퇴하고, 글의 내용을 정확하게 이해하지 못한다는 것이 코웃음 친 이유였다. 플라톤이 이 이야기를 한 것은 문자의 명암, 즉 이중적 효과를 말하려는 것이다. 문자라는 것은 기억력을 확장시키는 일면도 있지만, 굳이 기억할 필요가 없도록 하기 때문이다. 기억력이 떨어지면 경험한 실재의 사실을 정확하게 전달할 수 없다.

 인간이 문자를 발명하고 나서 직접 기억하는 대신에 문자에 대한 의존도를 높였다. 대신에 기억하려는 노력을 기울이지 않는다는 것이다. 그러나 오늘날에는 언어학자들의 일관된 주장은 문자라는 방법으로는 글쓰는 이는 자신의 의도를 문자로서는 정확하게 담아내지 못한다. 읽은 사람도 정확하게 읽어내지 못한다. 수필을 말하면서 언어에 관한 철학자들의 말을 인용한 것은 수필이론에 사실성, 진정성을 강조하기 때문이다. 언어의 사실성에 의구심을 나타내기 위해서 이다. 그렇다면 언어라는 방법을 사용하는 수필의 사실성도 의심해 보아야 한다.

 언어발달 과정에서 나타나는 음성언어와 문자언어 사이에는 차이가 많다. 음성언어는 서로가 얼굴을 마주 하고 말을 하기 때문에 소통이 잘 일어나지 않으면 그 자리에서 바로잡는다. 따라서 말하는 이의 의도나 사실의 전달이 가능하다. 문자언어의 경우는 글쓴 사람의 처음 시도가 글쓰는 도중에 수정되는 일이 없다. 읽는 사람에 따라서 해석도 얼마든지 다를 수 있다. 글쓴이의 의도가 바로 전달되지 못하여 오해를 불러오는 경우도 많다.

문자는 글쓴이의 의도를 벗어나서 엉뚱하게 해석될 수 있다는 것을 플라톤은 걱정했던 것이다. 그 걱정은 2500년의 세월이 흐른 지금에도 여전히 남아있다.

이제 그 유명한 소쉬르의 언어이론을 잠시 보자.
소쉬르는 단어의 뜻이 사전적 의미로 고정되어 있지 않고 다양한 요소들이 작용하여 얼마든지 다르게 전달된다고 보았다. 다양한 요소들이란 문장의 맥락에 따라서 의미가 달라진다는 것이지만, 그 외에도 발신자, 수신자. 메시지의 통과 경로, 발신자와 수신자의 문화적 차이 등, 언어소통에 관여하는 요소는 아주 많다. 결과적으로 발신자의 의도가 수신자에게 그대로 전달되지 않는다는 것이 결론이다.

그의 철학을 언어이론에 바탕을 둔 비트겐슈타인도 잠시 언급하자.
요약하면 언어는 한계가 있어서 언어로서 표현할 수 없는 것이 아주 많다. 우리는 언어로 표현할 수 없는 것에는 침묵해야 하는데도 많은 말을 하고 있다. 언어의 한계 너머에 있는 것은 주장할 수도 없고, 보여줄 수도 없다.(비트갠슈타인은 이럴 경우에는 침묵하라고 했다.)

수필은 이처럼 허점투성이인 언어를 가지고 표현하면서도 '사실성'을 강조한다. 이것은 모순이다. 언어로서 사실을 표현할 수 없다면, 수필이 지향해야 하는 것은 '진실성'이다. 이것이 나의 주장이다.

언어로 나를 사실대로 표현 할 수 있을까

 수필을 쓰는 사람은 언어로 문장을 만들어야 하는 것은 숙명이다. 그렇다면 우리는 언어를, 언어로 만든 문장을 얼마나 알고 있을까.
 언어와 문장을 이론적으로 따져보는 일은 어려운 일이다. 골치가 아파서인지는 몰라도 언어를 도구로 사용하면서도 언어를 알려고 하지 않는다. 수필을 쓰는 우리는 숙명적으로 언어와 함께 하여야 함으로 어려운 이론 문제도 짚어봅시다.

 수필의 정의에 '나를 표현하다'가 있다. 정확히 말하자면 '언어(문자)로 나를 표현하다' 이다. 내가 나를 대상으로 바라보고, 나를 언어로 표현한다.
 내가 나를 바라보고 표현할 때 세세한 모습을 사실 그대로 볼 수 있느냐, 또 숨어 있는 진실까지 표현할 수가 있느냐가 관건이 된다. 사실이든, 거짓이든 바라본 자신을 언어가 정확하게 표현해 낼 수 있느냐에 대해서도 확신을 가질 수 없다. 그렇더라도 문학이 언어를 수단으로 하는 이상 언어의 기능을 최대로 활용하여 나를 표현하는 것이 유일한 방법이다.

 수필은 언어, 그것도 문자로 만들어지므로 언어의 기능에 절대적으로 의존한다. 발신자의 의사가 수신자에게 전달되어야 언어의 역할을 수행한 것이다. 표현하고자 하는 대상은 언어의 바깥에 있다, 발신자가 그 대상을 인지한다. 수필도 언어가 매체이므로 의미가 발신자(작가)에서 출발하여 수신자(독자)에게 잘 전달되려면 문장에서 언어의 역할을 만족시켜주는 여러 가지 조건을 갖추어야 한다. 수필의 문장을 의사소통이 잘 되도록 만들어야 한다는 뜻이다.
 모든 사람은 자기가 사용하는 언어의 공동체에 소속된다.(하이데크는 우리는 언어의 집에서 산다고 했다.) 우리는 한국어를 사용하는 공동체에 소속되어 있다. 우리가 소통을 하거나 인식을 할 때는 언어를 통해서 이루어진다. 이 말을 좀 더 풀어서 설명하면 내가 사용하는 언어에 해당하는 단어가 없다면 우리는 소통할 수도 인식할 수도 없다. 예로서 에스키모 인들은 흰색을 나타내는 단어가 40여 종 된다. 우리는 대 여섯 가지라고 한다. 그렇다면 흰색이 40여 가지라고 하더라도 우리는 대 여섯 가지 색으로만 인식을 할 수 밖에 없고, 그 색으로만 소통할 수 있다.(가다머)

우리가 어떤 대상과 마주치면 그 대상은 나의 안으로 들어와서 의미를 가지는 무엇이 된다.(내 안으로 들어오지 않으면 그 대상은 나에게는 존재하지 않는다.) 나의 안으로 들어오는 순간에 우리는 사유를 한다. 그리고는 순간에 사라지고, 다른 대상이 또 들어온다. 이런 이유로 우리는 끊임없이 생각을 하고, 금방 그 생각은 또 다른 생각으로 바뀐다. 우리가 살아있는 한에서는 생각이 콩죽 끓듯이 부글거린다고 하였다. 그 중의 어떤 것을 생각으로 붙잡는다. 생각 즉 사유라는 것은 의미를 부여하는 행위이다. 사유의 세계가 겉으로 나타날 때는 언어라는 옷을 입고 나타난다. 언어로 나타낼 때는 부여된 의미만 있는 것이 아니고 감각적이고 정서적인 것도 담겨서 함께 나타난다.

작가가 사유한 세계를 언어에 실어서 표현을 하면, 글에는 작가의 주관적 의도가 담긴다. 주관적 의도란 객관적 의도와는 차이가 있으므로 저자의 의도가 독자에게 완벽하게 전달되지 못한다.(리쾨르)

문학비평가들이 작품을 설명할 때 작품이 전해주고자 하는 의미를 작품의 바깥에 있는 사실들과 연계지어서 설명하려고 한다. 소설, 희곡, 혹은 시, 수필은 인간이 헤쳐 나가는 현실의 삶과 같은 문맥으로 진실을 탐구하는 것이라고 본다. 진실이란, 사회적, 정치적, 문화적, 심리적 진실을 말한다. 문학작품에서 진실 탐구라고 한 것은 현실의 삶에 대한 지시적이고, 의미론적인 기능을 강화시킨 것이라고 보았다. 내가 현실의 삶을 살아가는데 무엇이 진실인가를 느끼고, 가르켜주려 한다는 뜻이다. 가르키기까지는 못한다 하더라고, 적어도 진실이 무엇인가를 생각하도록 해준다는 뜻이다.(현실의 삶을 살아가는 방향을 지시한다고 하면 이해가 빠를까?)

  어려운 말을 좀 더 하자면 문학의 본질적 언어는 단순히 수사나 비유로 사물을 표현하는 언어가 아니다. 사물의 너머에 있는 것을 이미지로 드러내는 언어이다. 이 말은 작품에 표현한 언어를 사전적인 뜻으로 곧이곧대로 해석해서는 안 된다는 뜻이다. 드러낸 이미지는 작가가 또는 작품이 사물의 표상보다는 그 뒤에 있는 이미지를 창조하려는(찾는 것이 아니고 창조한다고 했습니다.) 탐색이다. 작가가 창조한 내용이라는 뜻이다.
  (수필이 글로서 표현함으로 현실의 직접적인 모습을 보여

주는 것은 아니지만, 현실에서 일어날 수 있다는 것을 논리적으로 설명이 되어야 한다는 뜻이다. 논리적인 설명이란 독자가 사회적으로, 정치적으로, 문화적으로, 심리적으로 '그렇다' 내지 '그렇겠구나'라는 생각을 가질 수 있도록 해야 한다는 뜻이다.

또 이미지의 탐색이란 말은 사물(사건) 속에 숨어 있는 의미를 찾아내자는 뜻이 아닐까.

언어의 또 다른 기능으로, 대표적인 두 기능은 욕구적 기능과 정서적 기능을 꼽았다. 예로서 '어제의 모임에 참석할 수 없어서 대단히 미안합니다.' 라고 말했다면 부분적으로 지시적 기능도, 정서적 기능도 있다. 왜냐면 말하는 사람은 자신이 모임에 나가지 못하는 사실을(지시적) 말할 뿐아니라, 미안하다는 자신의 감정도 담고 있기 때문이다. 일반적으로 지시적이라고 할 때는 이성적 요소가 강하고, 정서적이라고 할 때는 감성적 요소가 강하다. 서로 상반되는 요소가 한 문장에 들어 있다는 뜻이다.

그렇다면, 우리가 하는 말로 진실만을 담아 낼 수 있을까? 그건 아니다. 거짓으로 말하는 수가 많기 때문이다. 이처럼 언어에서 거짓으로 말해질 수 있을 때는 정서가 담겨 있을 때가 더 많다고 한다. 따라서 일인칭 문장은 정서가 강조되는 경향이 있으므로 지시적(진실-이성적) 기능이 약화될 수 있다. 수필은 일인칭 화법의 글쓰기이므로 욕구적 기능과 정서적 기능이 강화될 수 있다. 수필은 일인칭 화법을 사용함으로 정서적 기능을 더 많이 가진다. 그런 만큼 수필은 거짓일 수가 많다는 것이다.

 블랑쇼(프랑스 근대 철학자이고, 문예이론가)는 아주 재미있는 주장을 했다. 문학 작품의 언어에는 작가도, 독자도 아닌 '그'라는 익명성의 제 3자가 있다고 했다. 작가가 사물의 너머에 있는 '어떤 것'을 이미지로 담아내었다면, 이미지를 구현하는 어떤 것이 바로 제 3자라는 것이다. '그'는 작가의 의도 속에 숨어 있기도 하고, 작품의 단어와 단어의 사이에 숨어 있기도 하고, 독자가 읽기를 할 때 독자의 의도 속에 있을 수도 있다. 어쩌면, 작가의, 독자의, 또는 진실이라는 이름을 가진 '욕망'일 가능성이 많다고 했다. '그'는 분명히 작가도, 작품도, 독자도 아니다. 숨어 있는 자 이다.

 수필가가 쓴 글에서 작가의 감성적 기능과 인지적 기능을 심리분석학적, 혹은 심리학적으로 접근을 할 필요가 있다. 왜냐면 문학작품을 형성하는 데는 작품을 넘어서서 문화적인 측면도 있고, 집단무의식적인 측면도 있다. 우리는 작품에서 감성적 호소를 통하여 독자로 하여금 자신이 원하는 태도를 가지도록 하는 경우를 흔히 본다. 이런 작품을 청중지향파적인 문학작품이라고 보았다. 청중의 감정에 호소하여 자신의 의사를 전달하는 것을 말한다.

　야콥슨은 이것을 문학작품의 '시적 기능'이라고 했다. 이 방법에 의하면 자기도취적인 경향을 띤다. 시는 주관적이고, 자기중심적이라고 한다. 수필에 시적 기능을 가져온다고 하여 자기도취적인 주관을 가져와서는 안 된다. 수필은 산문이고, 수필의 속성이 대상에 내가 다가가야 하기 때문이다.

　일반적으로 우리는 이런 내용의 글로 쓴 수필을 잘 쓴 수필이라고 하였다. 정말 그럴까.

　문학(수필)이란 예술의 분야이므로, 감성적으로 표현한다는 것도 정의이다. 언어에 감정을 담아서 표현한다. 일반적으로 감성이라고 할 때, 감정, 느낌, 정서의 세 가지를 말한다. 감정은 명사이므로, 움직임이 없는 상태이다. 정서는 어떤 대상을 마주했을 때 내 마음 속에 희노애락의 감정이 나타나서 소용돌이 치므로, 정서는 감정의 움직임이 포함되어 있다. 따라서 감정의 명사가 아닌 동사적 표현은 감동(感動)이다. '움직인다.'라는 것은 '마음이 움직인다' 이다. 따라서 감동은 '영혼의 움직임'이라는 의미가 있다. 바쉬라르는 '영혼의 울림이 있어야 존재의 전환이 온다.'라는 유명한 말을 했다. 이 말은 문학(수필)은 인간의 존재를 바꿀 수 있다는 뜻이다. 영혼이 울리는 글을 써야 나를 바꾸고, 나를 치료할 수 있다는 뜻이다.

 일반적으로 수필은 산문이므로, 산문의 일반적인 속성으로 설명하려는 경향이 있다. 문장이 논리적이어야 하고, 의미가 분명한 지시적 기능이 강해야 한다. 말하자면 단어가 갖는 사전적 의미를 중요시 하였다. 발신자의 의사가 수신자에게 고스란히 전달되도록 글쓰기를 한 것이 수필이라고 알고 있다. 이런 방식의 글은 어쩐지 문학과는 거리감이 느껴지는 것도 사실이다. 왜냐면 지시가 너무 강한 글은 문학 글이라기보다는 문서(공문서 같은)의 느낌을 주기 때문이다.

 언어학자 촘스키는 '언어란 무엇인가?'라는 질문에 인간이 하등 동물과 다른 점은 소리(언어)를 생각과 결부시키는 능력이 있다. 따라서 언어 안에는 개인이 자기의 주관과 사고방식을 담는다. 라고 했다. 사전적 의미 너머의 개인의 내재적-내포적 의미가 담겨있다는 것이다. 심층 심리학으로 설명하자면 내재적-내포적 의미가 언어로 표상한다고 한다. 언어로 표상된다는 것은 언어에 자기의 감정들이, 생각들이 나타난다고 하겠다. 그러나 표상된다는 말은 뜻(의미 내용)이 사전적 의미로서는 나타나지 않는다는 뜻이다 감정은 욕동의 작용으로 나타나는 혐오감, 무서움, 두려움, 부끄러움, 미움, 사랑 감정 등등 칠정(七情)이 해당된다. 두 개 이상의 심리적 힘이 서로 부딪힐 때를 갈등이라고 한다. 갈등이 일어날 때는 정서적인 움직임이 나타난다. 정서란 바로 마음의 움직임이다. 문제는 우리가 언어를 청취하고 무엇을 표상하는지를 알아내는 데는 한계가 있다. 발화자의 의사를 속속들이 안다는 것은 불가능하다는 거다. 이처럼 인지 능력의 한계는 오히려 우리가 한계를 벗어나려 노력하게 하고, 결과로 우리는 사회적 동물이라는 사실을 인정하게 된다. 따라서 공공선으로 답을 찾으려 한다.

우리가 사용하는 언어에는 사회적 가치를 벗어나지 못한다고 말했다. 이것이 촘스키가 '언어란 무엇인가?' 라는 질문을 하고, 대답으로 '공공선'을 언급한 이유이다. 이것은 그가 언어를 통하여 '인간은 어떤 존재인가?'라는 질문에 대한 답이기도 하다. 메뚜기 뛰어봐야 풀밭이듯이, 우리가 언어를 사용하는 한 그 언어를 사용하는 문화권에서 벗어날 수 없다고 했다.

이제 언어를 사용하는 수필에서 의미를 어떻게 읽어야 할까를 생각해 보자. 우리는 언어의 시적 기능을 통해서 문학에 접근하고자 했다. 언어가 표상하는 감정의 움직임을 읽는 방법으로서 공공선이라는 방향으로 나아가서 의미에 접근하려고 하였다. 이것은 우리가 인간이란 존재이기 때문이다. 결국 수필이 언어로 만들어지는 이상 인간사회의 공동선이라는 관점에서 의미를 찾아야 하지 않을까라는 생각을 해봅니다.

 (*공동선이란 내가 몸 담고 살아가는 사회의 가치 규범이 된다.)

수필 쓰기는 반쯤 말하기이다

여기의 글은 일반적인 수필이론이라기보다는 나의 수필론을 피력하는 자리로 생각함으로, 조금 어려운 이야기도 해보자. 수필에서 사실과 허구가 뜨겁게 논쟁하던 시기도 살짝 벗어난 듯하다. 오즘은 사실보다 진실에 더 무게를 두는 경향이다.

프로이트에 의하면 진실은 허구를 통해서 드러난다. 문학은 허구를 통해서 진실을 전달하는 예술 장르이다. 진실은 무의식 속에 있다. 말의 체계가 없는 무의식을 언어로 말한다는 것은 불가능하다. 그래서 철학자들이 '말할 수 없는 것'이라고 했다. 우리가 말로서는 진실을 드러내지 못한다는 것이다.

문예이론가가 내린 수필의 정의는 다양하게 말해지지만, 지금까지는 수필을 규정하는 절대적인 논지는 허구가 아닌 '사실'의 표현이다. 사실이란 현실적으로 일어난 일을 내가 경험하였던 내용들이다. 즉 수필은 현실에서 일어났고, 내가 경험하였던 일을 문자로 표현한 것이다.

언어로 표현된 사실을 분석한 결과 두 가지가 있다는 것을 알았다.

프로이트는 이 두 가지를 구분하였다. 하나는 사실적 현실(factual reality)이고, 다른 하나는 심리적 현실(Psychial reality)이다. 사실적 현실이란 나의 밖에서 실제로 일어난 일로서 내가 몸으로 체함한 것을 말하고, 심리적 현실이란 외부의 사실을 그대로 반영한 것이 아니고, 외부에서 일어난 사실을 나의 심리 내부에서 상상을 통해서 나만의 독자적이고, 자율적으로 해석한 것을 말한다. 내가 경험한 사실을 심리작용을(상상력을 통하여) 통하여 살짝 비틀어서 표현한다는 뜻이다.

심리적 현실이 나타나는 과정을 프로이트 이론으로 좀 더 설명하자면 우리의 마음은 불쾌한 일을 참지 못한다. 참지 못한다라기보다는 피하려고 한다. 불쾌한 경험은 불안을 조성함으로, 불안을 떨치기 위한 방법이 쾌감으로 바꾸는 것이다. 좀 더 전문적으로 설명을 하자면 외부에서 일어난 사실이 나의 감각기관을 통해 자극을 받으면, 자극 – 지각 – 운동 – 방출이라는 과정을 거친다. 방출의 방법은 행동도 있고 언어도 있다.. 내부에서 오는 자극 즉 심리에서 오는 자극은 외부의 자극을 심리장치를 통하여 변경한 자극이(불쾌한 감정을 즐거운 기분으로 살짝 바꾼다.) 심리적 현실이다. 앞서 심리는 불쾌를 견디지 못하여 쾌감으로 바꾸는 장치를 작동한다고 했다.

이제 결론적으로 말해보면 수필로 방출시킨다면 사실을 왜곡시키는 수단은 바로 언어이다. 우리는 심리적 사실을 외부로 방출할 때는 운동이 아닌 언어의 방법을 사용하는 것이 수필이다. 말하자면 심리적 자극을 외부로 방출하는 방법은 행동과 언어이다. 수필쓰기는 언어로 방출하는 방법이다.

예를 들어보자. 아침 출근길에 내 몸을 부딪치며 지나가는 사람이 있었다고 하자. 우리는 자기도 모르게 고개를 돌리고 그 사람을 보게 된다. 본다는 것은 자극과 지각에 해당한다. 그 사람이 부딪힌다는 자극을 내가 인지하였다는 것이다 그 사람을 인지하여 뇌 세포에 저장하는 과정을 보자. 그 사람의 얼굴이나 모습을 사진처럼 보관하는 것이 아니고, 심리적 현상을, '인상이 험한 사람'이다. 아니면 '부드러운 사람이다.'라고 판단하고, 인상이 험한 사람이면, 그 사람이 일부러 나를 부딪치고 지나갔다는 생각으로 기분이 나빠진다. 그러나 인상이 좋은 사람은 우연히 몸이 닿았다고 좋게 판단해버린다. 심리장치가 사실을 왜곡하는 것이다. 이런 사실을 기억으로 저장해 두었다가 회상을 거쳐서 언어로 표현할 때는 사실과는 전혀 다를 수 있다. 심리적 장치를 통하여 자기가 느낀 감정을 실제로 일어났던 사실인양 표현한다. 언어로 표현할 때는 심리적 현실이 사실적 현실에 선행한다. 수필에서 언어를 매개로 하여 표현할 때는 심리의 역할이 더 크다.

프로이트는 사실을 '진실'이라는 말로 바꾸어서 표현했다. 엄격히 말하자면 우리가 심리적으로 판단한 진실과 우리의 밖에서 실제로 일어났던 역사적 진실은 다르가 때문에 사실이라 하지 않고 진실이라고 하였다. 좁은 의미로 '진실'이라고 할 때는 역사적 진실만이 진실이다. 그러나 우리가 기억한 사실을 분석해보니 진실과 허구가 구분되지 않고 저장되어 있었다. 우리가 언어로 표현한 진실에는 진실과 허구가 뒤섞여 있더라는 것이다. 그 이유를 따져보니 우리가 외부의 사실을 인지하여 판단할 때는 심리작용의 영향으로 환상을 만들어서 기억하더라고 했다. 언어로 표현할 때는 환상을 진실이라고 믿고 표현하더라고 했다. 그렇다고 하여 환상이 모두 거짓은 아니고, 환상에는 사실의 흔적이 즉 진실이 나타나 있었다.

진실은 환상이라는 옷을 입고 언어로 나타난다. 환상을 벗겨버리면, 옷을 벗듯이 진실이 나타날까? 그건 아니라고 했다. 진실은 환상의 뒤에 있는 것이지 환상이라는 옷을 입고 있는 것은 아니라는 것이 프로이트의 설명이다. 환상을 언어로 표현한다. 진실이 환상 안에 있지 않고. 환상의 뒤에 있다면 결국 진실은 말의 차원에 존재할 뿐이다. 그러나 사실이 환상 속으로 스며들었다는 것은 사실은 이미 레테의 강(저 세상으로 갈 때 건너야 하는 망각의 강)을 건넜다고 보았다. 그렇다면 언어로 나타낼 수 없음로, 언어로 사실을 말한다는 것은 거짓말이다.

수필의 정의가 '사실'의 표현이다. 앞에서 보았던 프로이트의 논지대로 언어가 사실을 표현하는 것이 불가능하다면서 수필을 언어의 방법으로 사실을 표현한다는 정의는 앞, 뒤가 맞지 않는다.
우리의 기억은 진실을 은폐함으로, 우리가 기억하는 것은 거짓인 수가 많다. 기억은 불쾌를 쾌감으로 바꾸는 심리작용을 거쳐서 기억하기 때문이다. 그런데도 기억을 사실이라고 믿는 것은 무의식이 거짓을 사실이리고 강요하기 때문이다. 솔직히 말해서 우리는 자신의 기억이 사실인지 아닌지를 모른다. 사실이더라도 어디까지가 사실인지를 모른다. 왜냐면 진실은 기억의 밖에 있기 때문이다. 기억 밖에 있는 것은 나 자신이 확인 할 수 없다. 내가 사실인지, 수필이 기억을 표현하는 것이라면, 사실인지, 아닌지도 모르고 하는 말은 거짓이다.

그러나 진실은 환상의 옷을 입고 있다고 하였다. 마찬가지로 진실도 거짓(환상)의 말 속에 숨어 있다. 진실이 나타나는 방법이 그러하기 때문이다. 진실도 전부를 드러내는 법이 없다. 거짓 속에 숨어서 일부만 드러낸다. 결론적으로 말하자면 진실은 전체를 말해질 수 없다. 진실은 반쯤만 말해진다. 라캉의 말로 결론을 내려보자. 진실은 말해지기 불가능한 어떤 것을 숨기고 있다. 진실은 언어의 세계로부터 추방되어 언어로써 표상한다는 것은 불가능하기 때문이다. 좀 더 쉽게 풀어서 설명하자면, 진실은 무의식의 차원임으로 말로 표현할 수 없다. 말로 표현할 수 없는 진실을 말을 이용하는 수필에서 표현한다는 것은 불가능하다는 것이다.

그렇다면 수필에서 사실을 표현해야 한다고 하는 수필이론은 맞지 않다. 그렇다고 하여 순전히 거짓이라고 할 수도 없다. 문학이란 사실 그대로가 아니고 상징적이고 비유적인 메타언어로(은유로) 표현하는 것이라면, 수필도 언어적 의미에만 집착하지 말아야 한다. 언어적 표현이 허구라는 사실도 인정해야 하고, 진실은 말 속에 뒤섞여 있다고 생각해야 한다.

그래서 '진실, 그것은 반쯤 말하기에 있다.'라고 한다. 언어가 진실이 아닌 것은 분명하지만 처음부터 끝까지 모두가 거짓이라는 것은 아니다, 왜냐면 진실은 말 속에 숨어 있기 때문이다.

언어가 사실을 말할 수 없다고 주장한 또 한 사람의 철학자는 비트겐슈타인이다.
비트겐슈타인은 언어 논고에서
"우리는 언어를 통해서 사실을 봄으로, 언어가 사실을 결정해 준다. 언어는 한계가 있기 때문에 언어로 표현할 수 없는 것이 많다. 언어의 한계 너머에 있는 것은 언어로 주장할 수도, 보여 줄 수도 없다. 언어의 한계를 넘어서면 침묵만이 있다. 따라서 언어로서는 사실적 담론이 불가능함으로 언어에 의해서는 실재를 보여주지 못한다."
(*한계 너머란 말은 언어로 표현할 수 없다는 뜻이다.)

비트겐슈타인이 보기에 기존의 철학은 언어로 말한다. 말할 수 없는 것을 말하려고 함으로써 문제를 일으키고 있다는 것이다.
그는 언어가 모든 대상이나 사물을 표현할 수 없다는, 언어의 한계를 주장했다. 언어로서 사실을 말할 수 있으려면 '사실'이라고 말할 수 있는 어떤 '지렛대의 받침'이 있어야 한다. 그러나 언어에는 그런 받침이 없다. 따라서 언어에는 진리나 사실을 표현하는데 한계가 있을 수밖에 없다.

  언어의 한계 너머에 있는 것은 언어로 주장할 수 없다. 다만 보여줄 뿐이다. 보여주는 것만으로 과연 진리 또는 사실이라고 말할 수 있을까. 수필은 언어를 수단으로 표현할 수밖에 없으므로 이와같은 언어의 특성을 따르지 않을 수 없다. 우리는 수필을 쓸 때 단어가 사물 그 자체를 보여준다는 것에 기초를 둔다. 그러나 언어가 사물 그 자체를 보여주지 못한다면 언어와 사물의 관계는 함축적으로 의미를 만들거나 함의하는 방법으로 관계를 맺는다. 다시 말하자면 언어로서는 사실을 명확하게 하는 담론을 할 수가 없다. 이 말은 언어로서 논리적이고, 합리적인 의미를 만들 수 없다. 수필로서는 오히려 이 점이 다행일 수 있다. 문학은 함축 내지 함의함으로 오히려 언어의 한계 너머에 있는 것을 담아내기 때문이다. 언어로서는 사실을 나타낼 수 없으므로 상징이나 은유로 보여주자는 것이다.

  하지만, 비트겐슈타인은 편집자에게 보내는 편지에서 오히려 말할 수 없는 것을 더 중요하게 생각한다고 고백했다. 말할 수 없는 것이 증명할 수 없어서 무의미한 것이 아니라, 구태여 증명하려 하여 무가치하게 만들지 말라는 것이었다. 수필이 바로 증명하지 않으므로 오히려 가치있게 한다.

이제 반쯤 말하기를 생각해보자. 언어는 사실을 그대로 말할 수 없기 때문에, 사실 안에 숨어 있거나 뒤에 있기 때문에 반쯤 말하기에 해당한다. 언어를 매개로 하여 표현하는 수필도 반쯤 말하기에 다름 아니다. 그리고, '오히려 말할 수 없는 것이 더 중요하다.'라고 한 말은 수필쓰기에서 어떻게 적용해야 할까를 곰곰이 생각해 볼 일이다. 반쯤 말하기란 독자가 수필을 읽을 때, 언어의 사전적 의미로만 읽지 말고, 전체의 맥락으로 읽으라는 말이다. 문장의 뒤에 있는 것을 읽어라는 것이다.

이솝 우화에서 '여우와 두루미 이야기'를 가져와 보자.

옛날 옛날 아주 옛날에 여우와 두루미가 사이좋게 살았다. 여우는 산에서 살고, 두루미는 강가에서 살므로, 사는 방법이 다르다보니 서로 다툴 일도 없었다. 어느날 여우는 강가에 사는 두루미를 숲속의 자기 집으로 초대하여 저녁식사를 대접했다. 여우는 납작한 접시에 맛있는 음식을 담아서 내왔다. 여우는 두루미에게 많이 먹으라고 권했지만 긴 부리를 가진 두루미가 납작한 접시 위의 음식을 먹을 수가 없었다. 입만 다시면서 바라볼 수밖에 없었다. 그야말로 그림의 떡이었다.

여우는 자신의 혀로 접시 위의 음식을 핥듯이 하여 맛있게 먹었다. 두루미가 먹지 못하여 남긴 음식까지도, '왜 맛이 없어.' 하면서 먹어버렸다. 두루미는 그런 여우가 얄밉기 짝이 없었지만 초대받은 손님으로 갔으므로 점잖을 빼면서 꾹 참았다. 저녁식사가 끝나고 집으로 돌아오면서 두루미가 여우에게 말했다.

"초대해 주어서 고마워. 다음에는 내가 초대할테니 와 주어."

며칠 뒤에 두루미가 여우를 초대했다. 여우가 두루미의 집에 왔다. 두루미는 주둥이가 좁고 목이 길쭉한 병에다 음식을 담아왔다.

"여우야 많이 먹으렴, 네가 좋아하는 음식을 특별히 준비하였어."

여우는 병에 담긴 음식을 먹으려고 혀를 내밀어 주둥이 안으로 밀어넣어 보았지만 음식에 닿으려면 한참이나 모자랐다. 침만 질질 흘렸을 뿐 음식은 한 숟가락의 양도 먹지 못했다. 그러나 두루미는 긴 부리를 병속에 넣어서 맛나게 먹었다. 그리고는 여우를 향해서 능청스럽게 말했다.

"여우야, 나는 이 음식에 제일 맛이 있어, 너도 좋아할 줄 알

앉어. 왜 먹지 않아?"

침만 흘리는 여우를 한참이나 바라보더니
"여우야 너는 이런 음식을 싫어하는구나. 몰라서 미안해."
그리고는 여우의 음식도 두루미가 모두 먹어버렸다.

이 우화에 의하면 여우가 먼저 두루미를 초대한다. 두루미가 왜 여우를 초대하였는지에 대해서는 아무런 말도 없다. 이것도 말로 할 수 없는 것이라서 침묵하는 것일까? 그렇다면 독자는 여우와 두루미가 주고받는 말에 의해서가 아니고, 글이 숨겨 놓은, 말하지 않은 반을 스스로 찾아내야 한다. 일반적으로 초대를 할 때는 '호의'가 기본이다. 그런 이유에서 여우가 일부러 두루미를 골탕 먹이려고 하지는 않았을 것이다. 어쨌거나 두루미는 여우의 식탁에 앉아서 심한 모욕감을 느꼈을 것이지만 내색은 하지 않았다. 모욕감을 느꼈다는 것은 내색하지 않은, 즉 말하지 않는 부분의 해석이다. 왜 이런 일이 벌어졌을까? 이유가 중요성을 띤다면, 이유를 어떻게 찾아야 할까?

독자는 말해지지 않는 많은 부분은 자기 나름대로 해석할 수밖에 없다. 서로의 사이가 진짜 호의적인 관계였다면, 여우의 행동은 악의 없이 일어났을 것이다. 악의는 없지만 여우는 여우-두루미의 관계 맺음에서 상대는 고려하지 않고 순전히 자신의 방식대로 처리해 버린다. 이것이 이유이다. 여우의 입장에서 사건을 바라보자면. 여우는 자기가 살아온 방식이 옳다고 믿고, 그 방식에 하나의 의문도 가지지 않고 수행했을 뿐이다. 여우가 '왜 맛이 없어?'라고 한 말도 진실일 것이다. 두루미와 여우는 자기들이 소속되어 있는 공동체의 문화가 달랐기 때문에 악의를 가지고 행한 행동은 아니었을 것이다. 바로 이 점이 읽기를 하는 사람이 찾아내어야 하는 진실일 것이다.

그러나 '진정성'의 눈으로 보면, 여우의 태도에 동의하기 어렵다. 진정성에는 도덕적으로 옳다는 개념이 들어있기 때문이다. 손님을 초대해 놓고, 자기만이 맛있게 음식을 먹는 것은 도덕적으로 긍정하기 어렵기 때문이다. 두루미는 '맛있게 드시라.'는 여우의 말을 곧이 곧대로 받아들였을까? 곧이 곧대로 받아들일 수 없다. 두루미가 기분이 나쁘면서도 내색하지 않고 기분과 다르게 거짓말을 하였다. 관계 맺음에서 취해야 할 태도에 관한 규범 같은 것을 지키려 하였기 때문이다. 규범은 바로 도덕률이기도 하다.

두루미는 접시에 담긴 음식을 먹지 못해 화가 나 있었을 것이다. 그런데도 '초대해주셔서 너무 고맙습니다. 다음에는 제가 초대하겠습니다.'라고 했다. 고맙다는 말이 진실일까. 어니다. 여우가 두루미의 초대를 받아들인 것은 두루미의 말이 진실이라고 믿었기 때문이다. 이야기의 흐름에서 반쯤 말하기로 읽으면 그렇게 되어 있다.

　이 우화를 읽는 독자는 진실이라고 믿을까? 그렇다면 언어적 해석은 진실인데, 함의하는 의미는 진실이 아니다. 의미를 언어로는 반 만 말을 하고, 반은 숨기고 있다.

　수필에서 작가가 자기의 글이 진실이라고 믿고, 진실이라고 우기지만 진실이 아닐 수도 있다는 것을 이 우화가 말해준다.

　두루미의 집에 초대받아 간 여우는 자기 집에서 두루미가 당했던 곤욕스러움을 꼭 같이 당한다. 이 우화에서는 여우가 두루미 집에서 했을 말은 한 마디도 소개하지 않았다. 버럭 화를 냈을까? 아마도 그렇지는 않았을 것이다. 두루미처럼 속으로만 화를 삭이면서, 겉으로는 안 그런 척 하지 않았을까? 반쯤 말하기가 아니고, 아예 침묵이지만 함의하는 것은 두루미와 여우가 같다는 것을 강하게 암시한다. 언어는 이런 방식으로 소통이 일어난다.

　'반쯤 말하기'를 수필쓰기에 가져와 보자. 화자와 상대 그리고 독자가 있다. 화자와 상대 간의 소통은 어떤 방식으로 일어날까? 둘이 소통하는 방식을 읽는 독자는 또 의미를 어떻게 만들어 낼까? 화자 즉 수필에서는 작가가 일방적인 방식으로 말을 하고, 여우처럼 상대방이 자기의 말을 사전적 뜻 그대로 수용하였다고 생각할 것이다. 그러나 독자는 화자, 즉 작가처럼 받아들이지 않는다. 화자와 청자, 주체와 객체 사이에 깊은 심연이 있다. 독자가 자기의 방식대로 심연을 건넜다면 그건 독자의 읽기 방식이다. 수필작가가 문자로 글을 쓴다면 문자의 한계로 수필가는 어차피 반쯤만 보여줄 수 밖에 없다. 보이지 않는 반을 읽어내는 것은 독자의 몫이다.

 수필에서 화자 즉 작가는 상대방은 고려하지 않고 자기의 방식대로 이야기하면서 자기가 옳다고 믿는다. 독자도 자기의 방식대로 글을 읽는다. 이것이 수필이고, 작가와 독자 간의 관계맺음 이다.

수필에서 표현한 것이 사실일까, 아니면…

수필쓰기의 정의대로 사실을 표현할 수 있을까.

수필이 소설과 다르다고 할 때는 글의 내용이 사실이냐, 아니냐로 구분한다. 수필의 정의에서 허구가 아닌 사실을 표현한다고 규정했다. 우리가 글(언어)로서 사실을 표현해 낼 수 있을까? 수필의 정의에 의하면 '자아 표출'이라고 한다. 나의 자아는 가공된 사실로서 만들어진다. 그런데도 '자아 표출'이라고 하여 자신을 사실 그대로 나타낼 수 있을까. 사실 그대로 표현해 낼 수 없다.

또 하나는 문학의 매개체는 언어이다. 언어로는 사실을 표현해 낼 수 없다는 것이 언어학자들의 공통된 의견이다. 그렇다면 수필에서 사실을 드러낸다는 것은 원천적으로 불가능하다. 그렇지만 진실은 표현할 수 있다는 것이 답이다.

왜 답인가를 추적해 보자. 지금부터는 좀 더 근원적인 것을 찾아가기 위해서 어려운 이야기를 하겠다. 수필은 문학의 하위 장르이다. 그러면 문학은? 문학은 예술의 한 장르이다. 그렇다면 예술은 무엇인가? 이에 대한 답을 하는 것은, 답하기도 어렵고, 그 답을 이해하기도 어렵다. 그러나 새로운 수필 쓰기의 방법을 찾으려고 한다면 어렵더라도 답을 찾는 노력을 기울여 보자. 이 글을 쓰는 이유이다.

현대 철학자들이 미(美)를 탐구하면서 '우리에게 아름답다는 느낌을 불러일으키는 것은 무엇인가.' 라는 화두를 내걸었다. 그리고는 아주 상식적인 선에서 답을 찾으려 하였다. 우리는 일상에서 자연을 보고 아름다움을 느낄 때 흔히 '그림 같다'라는 말을 한다. 자연이 아닌 '그림'에 아름다움(美)이 있다는 것이다. 그래서 칸트나 헤겔같은 철학자들은 '아름다움은 예술작품 안에 있다.'라고 했다. 이 말을 곰곰이 씹어보면 사실 속이라야 아름다움이 있는 것은 아니다 라는거다.

'그림 같다'라는 말로 '아름다움'을 풀어보면 그림처럼 예술작품은 '모방'이다. (모방을 부정하는 현대 미학자들도 많다.) 그러나 우리는 미학 공부를 하는 것이 아니므로 아름다움을 원론적으로 살펴보겠다. 모방이 있는 그대로 나타낸다는 것에 부정적인 생각을 하는 미학자는 대신에 '재현'이라는 말을 사용하였다. 재현은 모방으로 실재에 있는 그대로 묘사하는 것이 아니고 자신만이 가지고 있는 고유한 무엇을 드러내는 것이다. 이 말을 수필에 적용해보면 '있는 그대로 묘사하는 것이 아니고 작가는 자신만이 가지고 있는 고유한 그 무엇을 표현한 것이다.'라고 할 수 있다. '있는 그대로'를 사실이라고 하면 '작가가 자신만이 가지고 있는 고유한 그 무엇'에서 그 무엇을 무어라고 해야할까?

오늘날에는 예술을 더 이상 실재를 그대로 묘사는 것(모방)이 아니고 자기 자신만의 고유한 그 무엇를 드러낸다(재현)고 말한다 여기에서 더 나아가서 이런 주장을 하는 학자도 있다. '자기 자신만의 고유한 그 무엇'이 아니고 과거에 이미 발표하였던 문학작품이나 미술작품을 참조하여 표현하는 것일 뿐이다. 남미의 작가 보르헤스의 소설들이 이런 경향을 강하게 나타낸다.

예술작품이 만들어지는 과정을 보자.
작가 앞에 어떤 대상이 있다. 이것을 소재로 작품을 만들려고 한다. 화가라면 눈 잎에 있는 대상을 캔버스의 화판으로 옮겨온다. 대상-수필 작품, 대상-그림작품의 사이에는 수필작가가 있고, 화가가 있다. 수필작품으로, 그림으로 옮겨 왔을 때는 사실 그대로가 아니다. 수필 작품을 보면 작가의 사유가 개입하여 수필은 현실의 사실이 변형되어서 나타난다. 수필 작품에는 표현되지 않았고, 눈에 보이지도 않는 작품의 바깥에 있는 여러 요소들이 작품을 보충해주는 부수적인 요소들이다. 작품은 현실의 한 부분을 작품이라는 액자 속에 가두어 둔 것이라면 액자 밖에서 일어난 작가의 삶의 요소들이 작품에 영향을 미치는 부수적 요소이다. 따라서 작품은 작가의 주변에서 일어난 그 모든 것이 종합되어서 나타난 결과물이다.

앞에서 말한 '그림같다' 라는 미감의 표현을 정리해보자.
"현실을 발판으로 삼아 비현실적 상상의 세계로 들어갈 때라야 아름다움(美)이 발생한다."
이 말은 우리가 수필을 쓰는 방법론을 말하는 것이기도 하다. 우리가 어떤 소재를 가지고 수필을 쓸 때는 상상력을 발휘하여 소재가 갖고 있는 보이지 않는 것까지 표현하여야 독자의 마음을 움직일 수 있다는 뜻으로 읽어진다. '보이지 않는 것'이란 바로 진실을 말한다.

그렇다면 작품에서 진실이란 것은 무엇일까?
하이데크는 고호가 그린 그림 '고호의 구두'를 두고 미이론을 펼쳤다. 참고삼아 보자. 고호는 1886년에 세 점의 구두 그림을 남겼다. 구두는 낡아빠지고, 찌그러졌을 뿐 아니라 흙도

잔뜩 묻은, 농부들이 농사일을 할 때 신는 헌 구두였다. 하이데크의 말을 빌리면 '어, 이건 다 찌그러진 헌 구두이네.' 라고 보았다면 사실을 본 것이기는 하지만 진실을 본 것은 아니라고 하였다. 다시 하이데크의 말을 빌리면 '예술작품이 아름다운 것은 그 안에 진실이 들어 있기 때문이다.'라고 했다.

하이데크가 말한 진실이란 우리가 흔히 '진짜'라고 말하는 것이 아니다. 진짜란 말은 실재의 대상 자체이니까 꼭 그대로 묘사했다는 느낌을 줄 때 하는 말이다. 강조해서 한 번 더 말하자면 진실은 진짜를 말하는 것이 아니다. 하이데크가 한 말은 무엇일까? 진실이란 '존재의 드러남'이라고 했다. '존재'는 하이데크 철학의 핵심이므로 존재를 따지고 파고드는 것은 머리가 아픈 일이다. 일단은 옆으로 밀쳐두자.

하이데크는 '고호의 구두'를 설명하면서 단순히 헌 구두가 아니고 그 구두를 신고 삶을 꾸려온 농부의 인생을 그린 것이다. 농부가 그런 구두를 신고 살아야 하는 사회현실의 여러 문제들을 떠올리게 하는 것이 바로 '존재'를 파악하는 것이다. 라고 했다. 아주 어려운 말로 들리면서도 수필공부를 할 때 많이 듣던 말이라선지 약간은 친숙하기도 하다. 수필쓰기에서 말하는 '형식과 내용'과 같은 말이 아닌가 싶은 생각이다. 지난번의 책 '새로운 수필쓰기, 시도'에서 형식을 말하면서 재미있게 만들기를 주장했고, 내용은 주제로서 이야기의 뒤에 있는, 즉 내포하고 있는, 함의하고 있는 의미라고 말했다. 따라서 하이데크가 말하는 '존재'는 수필에서 의미 읽기라고 하겠다.

하이데크는 '작품에서 존재의 드러냄'이라고 말한다. 존재 = 진실이라는 등식으로 말하면 진실은 아주 모호해진다. 왜냐면 존재 자체가 확연하게 정해져 있는 어떤 것이 아니기 때문이다. 작품을 읽고 작품 속의 어떤 의미를 (이것은 독자마다 다르다.) 인식할 때를 우리는 존재가 드러났다고 말한다. 이때 드러난 의미(존재)가 진실이 된다. 여기서 예술작품이란 무엇이냐고 묻는다면 작품 속에 진실이 자리 잡고 있는 것을 말한다라고 하겠다. 하이데크가 예술작품을 설명하면서 '고호의 구두'를 사례로 가지고 온 이유이다.

작품의 사실성을 말하자면 고호가 농부의 헌 구두를 얼마나 있는 그대로 그려느냐 이다. 그러나 '고호의 구두'에 어떤 진실이 자리잡고 있느냐를 읽어낼 때라야 '고호의 구두'는 예술성을 띄게 된다.

외관상으로는 명문대학을 나와서, 남이 부러워하는 직장에 다니는 사람을 보면 우리 눈에 보이는 그 사람은 액자 속의 인물이다. 그러나 그 사람의 액자 밖의 인생을 꼼꼼하게 살펴보면, 본인은 수치심과 열등감으로 얼룩진 유년기와 청년기를 겪었다면 내면에 퇴적되어 있는 나의 수치심과 열등감은 없다고 할 수 있을까. 시골에서 자란 내가 대학에 진학하여 만난 교우들이 도시에서 태어나서 음악 감상실을 드나들고, 나는 이름도 모르는 곡명을 들먹이면서 저네끼리 대화를 나눌 때 나는 끼어들 수 없어서 수치심과 열등감을 느꼈다. 대구의 진골목에 사는 친구집에 초대받아 갔을 때도 그네 집의 으리으리함에 열등감을 느꼈다. 운동장에서 운동을 잘 하는 친구를 보았을 때도, 동성로에서 이쁜 아가씨와 데이트하는 친구를 만났을 때도, 청년이 되고, 장년이 되었을 때에도 나를 수치심과 열등감에 빠지게 한 경험들이 무수히 많다. 이러한 것들은 세월이 흐르면서 사라졌지만, 사라진 것이 아니고 액자 속에 담겨있는 나의 외피에 덮여 있을 뿐이다.

그런데도 나는 그때와는 다른 삶을 누리고 있는 나의 모습에 혹하여서 지난날의 수치심과 열등감은 지워지고 없어 진 줄 알았다.

그러나 노년이 되어서 왕성했던 인생의 한 시기를 넘어서고서부터 억압해두었던 수치심과 열등감이 수면 위로 떠올랐다. 그것을 인정하고 싶지 않았다. 이제는 억누르는 것이 아니고 다른 나의 모습으로 가리려고 한다. 가린다는 것이 싫어서 다른 핑계로 댄다. 단순히 수치스러운 지난날을 잊고 싶어서 과장하고, 외장하였는데, 그 너머에 있는 사실을 작가가 보지 못한다면, 독자가 외피만 읽는다면 잘못 읽기이다.

가슴 구석에 자리 잡고 있는 수많은 수치심과 열등감이 노년이 된 내 안에서 꿈틀거린다면 액자 밖의 요소들인 것이다. 이것은 내가 겪고 있는 노화, 노쇠, 노년이라는 것의 표현이다. 노년이면 겪어야 할 수많은 수치심과 열등감의 요소를 감추고 싶어 하는 노인심리를 상징하는 것이다.

이처럼 작품 속에 드리워져 있는 다양한 의미를, 즉 드리워져 있는 존재를 찾아본다. 존재를 찾아보는 일이 바로 가리워져 있는 진실을 찾는 일이다. 이제 수필에서 사실이냐, 진실이냐를 두고 결론을 내려보자. 인간이 사유를 통해서 언어로 사실을 그대로 표현한다는 것은 불가능하다. 사실의 자리에 진실을 놓자. 수필로서 사실을 표현하는 것은 불가능하지만 싱징이나, 다른 사유의 방법으로 진실을 표현하는 것은 가능하다. 이럴 때를 '진실성'이라 한다. 수필에 진실성이 있다고 말한다.

나는 수필쓰기에 재미를 강조해왔다. 재미에 이끌리어 수필을 읽었다고 하자. 읽고 난 뒤에는 머릿속에 떠오르는 것은 이야기의 재미있는 줄거리보다 더 깊은 곳에 있는 어떤 것이었다고 하면 잘 쓴 수필이 아닐까.

수필 쓰기 문장의 실재를 봅시다

 우리가 쓰는 수필 쓰기의 실재 문장도 짚어보자. 우리는 잘 쓴 글이라고 하면 미문화된 문장을 말하는 수가 많다. 수필 문장을 미문으로 꾸미려다 보면 자연히 형용사와 부사가 많이 들어간다. 형용사와 부사는 단순히 꾸밈으로만 끝나지 않고 꾸밈을 받는 말의 의미를 변형시키는 효과도 있다. 따라서 문장의 멋을 내려 미문으로 만들다 보면 의미가 왜곡되는 수가 있다. 문장은 의미가 우선임을 다시 강조한다. 왜냐면 수필은 문장으로 만들기 때문이다.
 뿐만 아니고 작가가 독자의 독서 능력을 믿지 못하여 직접 장황하게 설명하는 경우도 있다. 문장이 장황해지면 의미가 옅어지고, 설명의 강도에 따라 본래의 의도가 잘못 전달되기도 한다. 따라서 수필 문장에서 미문과 장황한 설명문은 좋지 않다고 말한다.

　산문에서 내용이 명료한 문장이 되려면 주어가 중요하다. 주어가 분명히 드러나야 하고, 주어가 두 개, 세 개가 되는 복합문장은 의미가 명료해지지 못한다. 주어가 여러 개가 나오도록 복합 문장을 만들 필요가 있어서라면 몰라도, 하나의 문장은 하나의 주어를 가지도록 하는 것이 좋다. 주어와 서술어의 관계도 서로 호응해야 한다. 주어와 서술어 뿐 아니라 꾸미는 말과 꾸밈을 받는 말도 서로 호응해야 한다. 형용사는 명사를 꾸미고, 부사는 형용사와 동사를 꾸민다. 예문을 보면 '토끼처럼 예쁜 여인'은 호응이 이루어지는 관계이지만 '표범같이 예쁜 여인'은 읽기에서 불편하게 느껴진다.

　형용사와 부사가 문장에 놓이는 위치도 중요하다. 꾸미는 말은 꾸밈을 받는 말의 바로 앞에 놓는 것이 원칙이다. 형용사에서는 이 원칙이 비교적 잘 지켜진다. 그러나 부사가 들어가는 위치에 대한 규칙은 비교적 느슨하다. 부사가 문장의 맨 앞에 오면 문장 전체를 꾸민다. 그런데도 문장 안의 형용사나 동사를 꾸며야 이해가 되는 경우를 흔히 본다. 이때는 부사의 위치가 잘못된 것이다. 꾸미는 말의 바로 앞에 놓는 것이 원칙이다.

우리 언어는 원칙적으로 능동문이라고 한다. 그런데 언제부터인지 우리 문장이 수동문으로 표현되어 가고 있다. 우리가 영어를 공부하면서 영어의 문법이 우리 문장으로 들어와서라고 말한다. 나쁘게 말하면 우리 문장이 오염되었다고 한다. 수동문을 표현해야 할 필요가 있을 때를 제외하고는 능동문으로 표현하는 것이 좋다.

　수필의 기본 문장은 일인칭 문장이다. 그러나 사물이 주어가 되는, 즉 사물주어도 흔히 사용한다. 그렇지만 수필에서는 사물주어는 부사로 바꿀 수 있으면 바꾸는 것이 좋다고 한다. 그러나 사물주어도 문법적으로는 아무런 문제가 없다. 예를 들면, '책(사물주어)은 많은 내용을 안고 있다.'와 '나는 책에서(부사) 많은 내용을 얻는다.'는 뉴앙스는 다르지만 같은 의미이다. 그러나 수필은 글 쓰는 사람이 주인이 되는 글이라고 하면 '나'가 주어가 되고, 책(사물주어)은 부사(책에서)로 바꾸는 것이 더 좋다.

　접속사는 문장과 문장을 이어주는 역할을 함으로 접속어를 사용하면 문장이 길어진다. 수필문에서 흔히 사용하는 지시어는 ~며, ~고 등이다. 반면에 접속사는 불필요한 반복을 피하게 함으로 글이 간결해지는 효과도 있다. 그렇더라도 접속사를 남용하면 좋은 문장이라고 하지 않는다.

접속사 '고'와 '며'를 예로 들어보자. '고'는 두 가지 사실을 대등하게 벌여놓는 역할을 한다. 따라서 대등한 사실이 연속되면서 문장을 길게 한다. 한편으로는 앞 문장과 뒤 문장이 시간상으로는 순서를 나타내므로, 앞 문장의 결과가 뒤 문장이 되므로 인과관계로서 연속성을 나타낸다. 문장을 간결하게 하기 위하여 두 문장으로 나눌 때는 앞, 뒤 문장이 대등한 관계인지 또는 인과의 관계인지 등의 글의 맥락을 이해하고 나서 해야 한다.

'며'는 동등한 내용을 나열할 때 주로 사용한다. 따라서 문장을 간결하게 하기 위해 분리할 때는 종속관계가 없는 문장으로 나누면 된다. 이처럼 문장을 간결하게 하기 위해서 접속사를 없앨 때는 문장의 맥락을 이해해야 한다. 접속사로 앞 문장과 뒷 문장을 연결할 때와 분리할 때는 여러 가지를 따져보아야 한다. 그러나 문장의 기본은 의사소통이므로 문장이 간결하면 의미 전달이 잘 일어나는 것은 사실이다. 하나의 문장은 하나의 뜻을 가지는 것이 원칙이므로 접속사를 남발하여 한 문장에 여러 개의 뜻이 담기는 것은 좋지 않다.

그렇다면 문장의 길이는 얼마가 적절할까? 정해진 답은 없다. 다만 짧은 문장과 긴 문장의 일반적인 특성은 있다. 짧은 문장은 쾌활하고 분명한 느낌을 준다. 의사 전달도 쉽게 일어난다. 긴 문장은 주제를 중심으로 여러 가지 내용을 담을 수 있어서 부드러운 느낌을 준다. 반면에 지루하고 이해하기 어려운 문장이 되기 쉽다. 적절한 길이는 내용과 기능에 따라 달라질 수밖에 없다. 짧은 문장이 의사 전달에는 장점이 있지만, 글 쓰는 이가 미숙하다는 느낌을 주기도 한다. 이런 이유로 문장을 길게 쓰려는 경향이 있다. 그렇지만 글쓰기에서 너무 긴 문장은 피하라는 것이 원칙이다.

문장이 길어지면 완결성과 통일성을 이루기가 어렵다. 문장이 길어지면 주어와 서술어의 관계가 모호해지므로 내용을 이해하기가 어려워진다. 한편으로 문장을 길게 쓰는 것이 문장력이 있기 때문이라고 잘못 생각하는 사람이 이외로 많다고 한다. 그것은 잘못된 생각이다.

복잡하게 이어지는 겹문장은 분리하는 것이 좋다. 복잡한 관형절도 길어져서 이해하기가 어려워지면 아예 두 문장으로 나누는 것이 좋다. 중복 표현을 피하고, 군더더기 표현도 피하는 것이 좋다. 예로서 '등산길에는 온통 단풍으로 물들어 있다. 단풍잎이 바람 따라 흩날리면서 등에 멘 배낭 위로 떨어진다. 단풍이 떨어지는 산길을 걷고 있으니…….' 라고 하였다면 같은 표현을 중복하였다.

문장의 흐름이나, 문장과 문장의 연결 관계에는 논리성이 있어야 한다. 문장의 흐름은 일반적으로 '왜?'에 대한 답으로 구성된다. 그래야만 읽기에서 자연스러워진다. 문장의 논리성은 작가의 주장도 힘을 얻게 한다. 문장에 논리성이 없으면 읽기도 매끄럽지 못하고, 작가의 주장도 덩달아서 논리가 모자라게 느껴진다.

글은 부드러워야 독자에게 친근하게 다가간다. 우리나라의 경우는 전통적으로 한문을 많이 사용했다. 문장에 한문을 병용하는 것은 자신의 지적 수준을 드러내는 것처럼 생각했다. 한문이 많이 들어가는 문장은 딱딱한 느낌을 준다. 그럴 때는 한문을 우리말로 풀어 쓰면 부드럽게 느껴진다. '춘삼월은 만화방창지절이다. 삼월에 꽃이 만개하여 풍광이 아름답다.'를 이렇게 고쳐보자. '삼월이면 봄이 온다. 꽃이 다투어 피는 계절이다. 봄산에는 꽃이 가득 피어서 무척 아름답다.' 같은 내용의 문장이지만 한문을 우리말로 풀어 쓰면 훨씬 부드럽게 느껴진다.

최근에는 한문보다는 서양의 여러 외래어를 많이 사용한다. 이것도 한문처럼 문장을 매끄럽지 못하게 한다.

일반적으로 운율은 시어의 특성이라고 한다. 우리글은 산문에도 나름대로 운율이 있다. 읽기를 할 때 리듬에 따라서 하면 글 읽기가 막히지 않고 수월해진다. 읽기가 물 흐르듯이 하면 문장이 쉽다고 느껴진다. 대표적인 우리글의 운율을 보면 2,3. 3,2. 3,4. 3,5. 4,4. 4,5. 등등이다. 산문을 쓸 때도 리듬을 고려하면 좋은 글이 된다.

문장에 걸맞는 단어를 사용해야 한다. 단어를 선택하는 것은 퍼즐 판을 완성하기 위해 퍼즐 조각을 선택하는 것과 같다. 단어도 속성을 가지고 있으므로 같은 단어라도 문장의 맥락에 따라 의미가 달라질 수 있기 때문이다. 말하자면 문장에 적합한 단어가 있다. '개'라는 단어도, 반려견으로 산책할 때 데리고 다니는 개와, 집을 지키는 진돗개나 세퍼드 같은 개와, 상사에게 충성을 바치는 충복을 '개'라는 상징으로도 표현한다. 이럴 때는 '개'의 의미가 문장으로 들어가서 맥락에 맞는 뜻으로 사용된다.

수필은 산문체 문장이 기본이지만, 수필에서 의미를 더 확연하게 내세울 수 있는 방법이라면, 대화체나 서사시체 문장도 얼마든지 사용할 수 있다고 본다. 아니, 함께 사용하여 수필의 효용도를 훨씬 더 높여야 한다는 것이 나의 주장이다. 나는 현장감을 살려내기 위해서 회화체를 즐겨 사용한다. 그러나 수필집담회에서 나의 대화체 문장은 비수필적 문장이라고 여러 번이나 지적받았다.

  수필에서 문장을 만들 때는 이런 저런 조건들을 깊이 생각하자. 그리고 읽고, 또 읽으면서 문장을 고치고, 또 고치는 습관을 기르자.

수필은 독자가 재미를 느끼는 것이 먼저이다

수필을 재미있게 쓰자는 것이 나의 주장이다.

수필을 전공하시는 교수님과 수필의 기법을 이야기하던 중에 '재미'란 말이 나왔다. '재미가 뭔데?'란 것이 화두가 되었고, 답이 쉽게 찾아지지 않아서 나의 진짜 화두가 되었다.

재미의 국어 사전적 뜻은 '즐거움을 주는 느낌'이다. 그러나 재미란 말을 사전적이든, 이론적이든 요약해서 말하는 것은 불가능하다고 한다. 그만큼 재미란 말은 너무 복잡하고, 많은 뜻을 가지므로 '무엇이다.'라고 정의를 내리면 반드시 오류가 따른다고 하였다. 그렇더라도 '느끼다.'는 말은 다분히 심리 상황의 표현이다. 다시, 어떤 것에 대해 흥미를 느끼고, 그것에 관한 일종의 만족감이다. 라고 할 수 있다.

재미를 일으키는 요인으로는 놀이, 행복, 레저, 일탈 등등을 꼽을 수 있으나. 재미를 준다고 하여 이러한 사실을 글로 표현해야 하는 수필에서는 어떻게 표현해야 할지에서 답을 찾아보아야 하리라.

재미가 '즐거움의 느낌'인 것은 분명하다. 즐거움을 주는 요소들이 너무 다양하니 답을 찾기는 더 어렵다. 다시 말하자면 답이 너무 많아서, 그 답들을 수필에 어떻게 적용할지가 어렵다는 것이다. 요즘 재미에 관한 연구가 활발하다지만 웰빙과 관련이 있는 사회학적 연구가 주류를 이룬다. 그러나 우리는 수필쓰기에서 재미를 찾으려고 한다. 선구자로 연구하신 분이 없으니까. 첫 삽을 뜨는 기분으로 찾아보려고 한다. 학문이 발전하는 과정을 보면 선임 주장이 잘못되었다는 것을 비판하는데서 이루어지듯이 나의 재미론에 대해서 앞으로의 많은 비판글도 기대해본다.

나도 권위 있는 사전인 옥스퍼드 사전에서 내린 정의를 출발선으로 하여 재미를 찾아가 보기로 하겠다. 기분전환, 익살 혹은 유쾌함, 해학, 오락이지만, 이것을 이론화하여 설명하기는 어렵다고 라고 하였다.

우리가 생활하는 사회는 합리화의 원칙으로 이루어졌다. 합리화란 사회 전체가 하나가 되도록 구조화하는 규칙이다. 규칙이라면 판에 박힌 일상화로 나타난다. 판에 박힌 일상화에서는 재미를 못 느낀다. 여기에서 벗어나려 할 때 재미를 느낀다. 언어를 예로 들어보면 '오줌을 누다'가 일상화된 정상 언어이다. 그러나 '오줌을 갈기다.'라는 언어로 표현하여야 재미가 느껴진다. 일반적으로 규격화된 일상 언어에서 벗어나는 언어를 많이 사용하는 사람은 하층민이다. 이 때문에 하층민의 언어가 재미를 일으키는 수가 더 많다. 그러나 우리의 수필에서는 하층민의 언어를 사용하려면 저항에 부딪힌다. 수필공부를 시작한 분이 이런 표현을 하였다가 선생님으로부터 '천박한 글'이라면서 호된 꾸중을 들었다고 말했다. 실제로 하층민이 사용하는 연마되지 않은 언어에 혐오감을 느끼는 분도 적지 않다. 꾸중하신 선생님일 것이다.

선생님은 왜 꾸중을 하였을까? 하층민과 연계하면 어리석음, 저급함, 무책임 등등과 연계되어진다. 그러나 사회라는 조직을 만들 때는 반드시 규칙이 있어야 한다. 규칙은 우리의 행동이나 언어를 제한하여 활동을 옥죄는 금지가 대부분이다. 사회를 구조화하는 규칙은 흔히 도덕적 규범인 수가 많다. 그래선지 지금까지의 전통 수필 이론에는 도적적 규범을 강조하였으므로, 천박하다는 말이 나왔으리라 생각한다. 현실 생활에서는 하층민의 저급한 언어가 넘쳐나고 있는대도 수필은 저급해서 안된다는 것이 수필이론이었다.

지난날의 우리 코메디 극에서 이런 기법을 금과옥조로 사용하여 보여 주었던 것이 좋은 사례이다. 구봉서, 배삼룡 등의 코메디 배우가 저급함으로 인기 절정을 누렸다. 그러나 수필 쓰기에서는 저급한 위트나 조소와 같은 경멸적인 언어를 사용하여 재미를 보여준다는 생각은 버려야 한다. 우리의 코메디 극에서도 이런 방법이 사라진지 오래 되었다는 것은 우리 사회가 그런 방법을 받아들이던 시대가 지나갔다는 것을 말하기 때문이다.

재미있는 언어 표현이라 하여 언어의 모든 표현 기법이 허용되는 것은 아니다. 재미를 주는 언어 표현이지만 수필에서 제한받는 경우가 많은 것은 사회 규범인 도덕에 저촉되는 경우가 많기 때문이다. 말하자면 사회적 통제가 강하기 때문이다.

수필 글이 너무 엄숙하고 경건하여 재미보다는 딱딱하게 느껴지는 이유는 재미 있는 글쓰기를 진지하게 연구해 본 일이 없기 때문이다. 수필작가들이 잘 쓴 글이라는 평을 받는데만 메달리기보다는 재미를 찾아가는 실험적인 글도 써야 한다. 실험적인 글에는 칭찬보다는 비난을 받는 일이 많을 것이다. 어떤 때는 작가의 자존심을 건드리는 평도 나올 수 있을 것이다. 그렇더라도 '이건 실험적으로 써 본 글인데, 평이 거친 것은 나의 의도가 맞아떨어졌네. 그렇다면 성공한 글이 아닌가. 스스로 만족을 찾아가는 것도 좋은 방법이다.

내가 재미를 느꼈던 일을 글로 표현하여 독자에게 공감을 불러일으키는 것이 중요하다. 내게는 재미의 감정이 북받쳐 올랐더라도 타인에게 공감시키지 못하였다면 수필로서 성공한 것은 아니다. 수필쓰기에서는 내가 느낀 재미보다 타인에게 전달하는 것이 더 중요하다. 재미의 감정이 소통되기 위해서는 구성원들 사이를 묶어주는 공동의 이슈들, 표현들이 있을 것이다. 이런 것을 작가와 독자를 묶어주는 그 어떤 것을 '맥락'이라고 할까. 글쓰는 이는 독자의 공감을 유발하기 위해서 맥락을 파악하는 일이 중요하다. 왜냐면 작가와 독자를 묶어서 소통이 되도록 하려면 공동의 맥락에서 시작하는 것이 좋기 때문이다.

이 말들이 너무 어려워서 이해가 안 된다면, 내 경험을 불러 내 보자. 우리가 공감하는 사회적 맥락이라면, 입학시험이든, 채용시험이든 공정하여야 한다는 것은 누구도 부정할 수 없다. 그 시험에, 우리가 눈치채지 못한 불공정의 이야기를, 재미있게, 하여간에 재미있게 구사하는 방법도 있을 것이다.

나는 재미있는(?) 경험을 한 일 있다. 부산대학교 의대에서 모 권력자의 딸에게 낙제점의 성적인 여학생에게 장학금을 주었다고 세상이 시끄러웠다. 그때 나도 장학금 지급의 불공정성에 흥분하였는데, 내 곁의 젊은이가 '장학금을 꼭 공부 잘하는 학생에게 주어야 합니까. 공부 못 하는 학생에게 열심히 공부하라는 격려로 줄 수도 있잖습니까.' 라고 했다. 나는 반박할 말을 찾지 못했다. 그때 머리를 스치는 내 생각은 '맞다. 재미 있는 발상이네,' 였다. 우리가 흥분한 이유도 따져보면 장학금 지급보다는 그녀의 아버지가 권력자였기 때문이었다.

내 생각과, 젊은이의 생각의 차이점을 다양한 각도에서 풀어서 써 본다면……, 시회문제에서 개인의 사고에 이르기 까지 많은 이야기를 재미 있게 만들 수 있을 것이다.

구성원 서로를 묶어주는 사회 공동의 맥락 이전에 개개인의 무의식에 잠재되어 있는 내용들은 더 많은 이야기를 만들어 낼 수 있을 것이다. 그런 것을 찾아내어서 공감을 얻도록 글을 구성하고, 단어를 고르고, 선택하는 노력을 해야 할 것이다.

사람들은 이야기를 좋아한다. 단순한 사실 전달보다는 이야기로 구성하여 전달하면 더 재미 있어 한다는 뜻이다.

사람들은 사실을 무미건조하게 전달하는 것 보다는 이야기에 더 많은 흥미를 느낀다. 우리는 왜 이야기에 끌리는 것일까? 인과관계 때문이다. 인과관계는 미래에 대한 호기심을 개연성을 가지고 풀어주기 때문이다. 독자의 관심을 끄는 글을 쓸려면 이야기 만들기에 더 관심을 두어야 하는 이유이다. 잘 만든 이야기가 재미를 주고 설득력도 더 있기 때문이다.

지금까지의 우리 수필은 구성 원칙이 이야기 구조로서의 서두-전개-결어가 아니고, 수필의 구조로서 서두-전개-결어의 형식을 취하라고 공부했다. 주제를 드러내기 위한 서두-전개-결어라는 구조인 것이다.

　작가가 이야기를 만들 때는 일반적으로 일어난 사건(사실)에서 시작하여 사건의 전개를 인과관계에 의하여 끌고 간다. 글쓰기를 위하여 내 주변에서 일어나는 일들을 분석해보면 원인-결과가 명명백백하게 드러나 있는 것은 거의 없다. 많은 원인과 많은 결과가 뒤범벅이 되어서 실타래처럼 꼬여있다. 소재에서 원인-결과의 진행과정을 단순하게 요약하는 일이 결코 쉽지 않다. 쉽지 않기 때문에 수필가라는 명칭이 생긴 것이다. 이야기의 전개를 매끄럽게 하기 위해서는 눈치 채지 않게 허구도 넣기 마련이다. 쉽지 않는 이 일을 해야하는 것이 수필가의 역할이다.

　더군다나 수필에서 재미를 주려면 이야기 구조는 필수라는 것이 나의 생각이다. 그러나 지금의 수필교실에서 강조하는 것은 주제이지 이야기 구조가 아니다. 이야기 구조로서 서두-전개-결어가 아니고, 주제 전달을 논리적으로 전달하는 방법으로서의 서두-전개-결어를 강조한다는 것이다. 경험한 사실을 가지고 원인-결과의 인과관계로 이어지는 이야기를 억지로 만들려고 하면 진실을 왜곡하는 수가 많다. 복잡한 사건을 단순화하면 주제를 드러내기 어려워져서 작가의 목소리로 설명하듯이, 또는 설득하려는 듯이 주제를 표현하는 일도 일어난다. 독자들이 제일 싫어하는 형식이다. 재미도 잃고, 진실성도 잃는다.

작가가 수필 글에서 설명조의 글을 쓰면 독자는 작가로부터 가르침을 받는다는 느낌이다. 상하관계가 형성된다. 독자가 수필 읽기를 할 때는 수평관계의 위치에서 글을 읽는다. 작가를 선생님처럼 모시고, 무언가를 배우려는 마음으로 글을 읽는 것은 아니다. 결과적으로 글에서 깨달음을 얻어 무언가를 배웠다고 하더라도, 어디까지나 수평관계에서 일어나야 한다.

나는 일찍부터 수필이 재미를 주는 방법으로 이야기 만들기를 주장해 왔다. 이야기를 수필에서 배제하자는 수필론은 없다. 그러나 대부분의 수필작가는 수필을 이야기 형식으로 만들지 않는다. 글이 짧기 때문이라든지, 수필형식으로는 복잡한 갈등 구도를 담아내기가 어렵다든지, 이런저런 이유를 댄다. 맞는 말이기는 하지만, 수필이 살아남기 위해서는 기존의 논리에서 탈피해야 한다. 소설 기법을 도입하면 설명문보다는 대화체가 더 많이 들어가게 되고, 현장감을 더 생생하게 표현해 낼 수 있다. 대화체에는 현실감을 담아냄으로 천박한 언어도 끼어들 수 있다. 그러나 재미를 이끌어내기는 이 방법이 더 좋다.

수필을 읽을 때는 주제는 생각하지 않고 재미에 이끌려서 전부를 읽는다. 읽고 난 뒤에 떠오르는 이미지가 의미(주제)가 되어야 한다는 것이 나의 생각이다. 그렇다면 재미를 주는 구성이 우선이다. 재미를 주는 구성은 이야기 형식이라는 것이 나의 생각이다. 이야기의 구성원리는 기, 승, 전, 결이다. 기승전결로 된 이야기를 전부 읽어야 총체적으로 이해가 가능하다. 거기에서 의미가 도출되어야 한다는 것이 나의 생각이다.

수필에서 사례를 보자

    수필은 과거체 문장으로 쓰여지는 회상 형식이 거의 90%나 된다는 것을 어느 글에서 읽었다. 회상은 거의가 경험담으로 이루어진다. 경험담과 재미는 관계가 있다. 경험담이라고 하여 실제의 순간을 모두 반영하지 않는다. 그럴 필요도 없다. 경험은 기억과 회상을 통하여 재구성된 것이다. 회상하는 것은 기억해내는 일이다. 재구성은 이야기를 새롭게 만든다는 것과 같은 의미이다. 기억은 형태가 있다. 나의 기억은 나만의 특정한 형태를 가진다. 이것을 기억의 '지향성'이라고 말한다. 지향성에는 현재의 나에게 과거의 기억을 어떻게 활용하느냐에 따라서 원래의 체험이 변형되어서 나타난다. 경험을 이야기로 꾸밀 때는 내가 받아들일 수 있도록 과거를 재구성하여 어떤 의미 있는 것으로 만들기 때문이다. 변형된 경험을 남에게 설명해주는 것이 바로 수필쓰기 이다.

  수필이 쓰여지는 과정이 이렇다면 수필과 소설의 차이점은 더욱 모호해진다. 굳이 수필쓰기와 소설의 차이를 말하자면 수필은 개인적 이야기 꾸미기이다. 개인적 이야기 꾸미기로 공감대가 더 넓은 사회에서 형성되게 한다면 수필의 역할을 충분히 해낸 것이다. 그렇다면 수팔쓰기에서 이야기 형식으로 만드는 것은 독자에게 다가가는 좋은 방법이 될 것이다.

  성인들은 유년기를 정말 많이 회상한다. 회상은 그 시대(유년시대)를 현재로 소환하여, 현재의 입장에서 해석하는 방법이다. 그렇게 함으로 기억으로 보존된 어린 날은 내 인생의 한 부분이 되어진다. 이것은 내가 내적으로 회춘(回春)한다는 뜻이다. 유년의 전부가 아닌 내 기억 속의 유년은 나에게 재미를 주었던 인생의 한 부분이다. 내 인생에서 하나의 이상향이 되어서 나타난다. 사람마다 느끼는 재미는 다르기 때문에 같은 유년을 보냈다 하더라도 회상하는 내용이 다를 수 있다.(앞에서 이것을 지향성이라고 말 하였다.) 이 때문에 기억은 그 사람의 정체성을 나타낸다.

  수필쓰기는 기억을 현재의 상황에 맞게 재배치하는 일이다. 우리가 살아가는 오늘의 사회를 기억과 비교해보면 차이가 있다. 기억은 상상력을 통해서 나타나기 때문이다. 상상력을 통해서 나타났다면 환상일 가능성이 많기 때문에 누가 그때 상황을 꼬치꼬치 캐 묻는다면 대답할 수가 없는 경우가 대부분이라고 한다. 왜냐면 실재와 상상의 세계는 간극이 있기 때문이다. 기억의 소유자는 자신의 기억을 원하는데로 조작하기 때문이다. 조작의 방향은, 즉 지향성은 내게 즐거움을 선사하였던 부분을 주로 선택하기 때문이다. 조작이 지나친 표현이라면 재구성하기 때문이라고 말하겠다.

수필쓰기는 내 기억 속에 남아있는 재미를 독자도 재미로 이해하게 하는 글쓰기이다. 이것은 내 기억이 사회 공동체나 집단의 기대에 부응하는 글쓰기이기도 하다. 기대에 부응하는 글쓰기를 하였더라도 독자가 재미를 느끼지 못한다면 그들에게도 재미있었던 경험이 되도록 내 기억을 조정할 필요가 있다.

우리는 사회적으로 재미있게 가공된 이야기가 매체를 통하여 스토리텔링의 방법으로 엄청난 난 양이 전달되는 것을 하루도 거르지 않고 보고 있다. 스토리텔링은 재미 만들기의 대표적인 방식이다. 노인들이 매체에 나와서 어릴 때의 일을 이야기하는 것은 재미를 주기 때문이다.

수필을 쓰는 사람도 추억담을 글로 쓰면서 독자들도 나의 경험을 재미있게 여겨주기를 기대한다. 현실 사회에서도 과거의 경험을 공유하는 사람끼리 유대의식을 더 강하게 느낀다고 한다. 수필에서 추억담은 중요하다. 그러나 나의 수필을 읽는 독자가 모두 나의 경험을 공유하고, 재미를 느끼는 것은 아니다. 글에 재미를 담아내는 방법으로 경험을 기억하는 것에만 의존하는 것은 한계가 있다. 다른 글쓰기 방식도 찾아보아야 할 것이다. 그래서 나는 소설 기법을 제안한다.

  이제 요약해보자.
  수필이 독자에게 많이 읽히기 위해서는 재미를 담아야 한다. 재미를 담아내는 방법으로 소설 형식을 차용하자는 것이 나의 주장이다. 소설형식이란 이야기이다. 우리가 문학 장르를 나누면서 수필과 소설은 산문 장르이면서 수필과 소설로 또 구분하였다. 나누기는 차이를 둔다는 것이다. 이런 이유로 수필은 소설의 기법으로 글쓰기 하는 것을 피해왔다.
  수필쓰기의 주요 방법인 회상과 기억이 사실 그대로가 아니라는 사실을 많은 심리학자들이 증명해주었다. 그렇다면 수필쓰기에서 회상을 좀 더 가공하여 재미있는 이야기로 표현해보자는 것이 나의 주장이다.
  그러면서 소설과는 차이가 나는 수필만의 기법을 찾아보아야 할 것이다. 소설이 아니면서 소설 형식으로 수필쓰기를 하는 것도 하나의 방법이 될 수 있다.

수필쓰기-상상력을 활용하자

 문학이론에서 '문학은 창조와 상상력이 바탕이다.'라고 말한다. 상상력에 관한 설명이나 해석은 아주 많다. 어떻게 해석하느냐에 따라 무게가 달라진다. 낭만주의부터 최근의 판타지 이론에 이르기까지 상상력 이론은 다양하긴 해도 문학의 근저를 이룬다.
 문학사의 관점에서 보면 문학은 '모방이론'에서 시작한다. 모방이론이 근간이 되어서 오늘의 수많은 문학이론으로 가지가 뻗어나갔다. 상상력 이론도 모방하는 방법을 나타내는 여러 가지 중의 한 가지가 되어 있다.
 수필은 문학의 한 장르이다. 수필을 모방, 창조, 상상력 등의 문학이론으로 설명하기도 한다. 수필이 문학이니 만큼 문학의 모든 이론으로 설명하는 것은 당연하다.

수필과 상상력의 관계를 살펴보기로 하자. 예전의 문학이론은 모방이론(미메시스)이 절대적이었다. 모방은 현실의 모방을 말한다. 문학이 현실적 경험을 얼마나 충실하게 반영하느냐를 두고 문학적 가치를 따졌다. 이 논리는 오늘의 우리 수필에도 그대로 적용된다. 현실의 모방이 아니고 상상력에 의한 허구는 '비현실적이다.'라면서 문학적 가치를 낮추어 보았다. 사실적이라고 말할 때는 흔히 경험적 현실과 일치하는 것을 말했다. 현실을 아무리 그대로 모사하려 해도 작가의 취사선택과 사용하는 언어의 특성으로 불가능하다는 사실을 알면서도 수필이론에서만은 끈질게 실제의 사실만을 묘사하자고 한다. 편집광적인 집착이 아닐까 싶다. 현실을 아무리 사실 그대로 표현하려 해도 언어를 매개로 표현하는 한에서는 일종의 가상일 수밖에 없다.

상상력은 이 때문에 가상성을 태생적으로 가진다. 거꾸로 말해서 상상력이 수필문학에 필수적이라면 상상력의 속성일 수밖에 없는 가상의 세계도 수필의 속성일 수밖에 없다. 수필의 속성으로 가상성을 인정한다면, 상상을 통하여 재미 있는 이야기를 얼마든지 만들 수 있다. 수필의 기본 기법인 기억-회상에 상상력이 가미되면, 우리는 수필에서도 재미 있는 이야기를 얼마든지 만들어 낼 수 있다. 말하자면 수필이론도 전통적인 모방이론에서 상상력을 통한 이야기 만들기로 나아가야 한다.

 내가 모방이론을 대신하여 새로운 수필이론의 논지로 가져온 것이 상상력이다. 그래서 상상력을 조금 더 살펴보기로 하자. 상상력은 현재 내 앞에 없는 대상을 머릿속으로 그려내는 능력이다. 일반적으로 경험 즉 기억이라는 자료를 이용하여 정신적인 이미지를 만들어 내는 능력이다. 경험과 기억의 범위가 넓을수록 상상력의 역할도 넓어진다. 이미지 화는 재생하는 작업이다. 공상과는 다른 점이다.
 상상력에 의하여 재생되는 과정도 보기로 하자. 상상력의 자료가 되는 경험은 직접적인 신체적 체험은 없었지만 인터넷이나, 스마트 폰, 영화 등에서 얻는 경험도 자료가 된다. 옛날에는 이야기 듣기가 가장 풍부한 자료였다고 한다. 우리의 다양한 경험은 머릿속에 잡다한 기억으로 보관된다. 잡다한 기억을 통합하여 통일을 이루도록 만드는 일은 상상력이 한다. 상상력의 재생 기능이다.
 상상력에 의하여 재생되는 과정도 보자. 우리가 감각기관을 통하여 느낀 현상이 의식과 결합하는 것을 지각이라고 한다. 이미지로 나타나려면 하나하나의 지각이 통합하여 한 줄기로 통일시켜야 한다. 내게 나타나는 이미지도 상상력에 의한 것이다. 이렇게 만들어진 이미지가 객관성을 가지지 못하면 무의미해진다. 상상력에는 선험적으로(태어날 때부터) 종합하여 통일시키는 기능을 가진다. 융을 위시한 많은 심리학자들의 주장이다. 그러나 작가의 개성과 의도가 들어있기 때문에 주관적인 요소도 있다.

종합적으로 통합하는데는 지성이 필요하다. 나의 인식, 나의 지식도 선험적으로 통합된 결과이기 때문에 이미지가 통일을 이룬다. 상상력이라고 하여 가상의 이야기를 멋대로 만드는 것이 아니고, 나의 인식 그리고 지성과 지식이 보태어져야 한다.

일반적으로 수필에서 허구를 부정해도 상상력까지 부정하지는 않는다. 여기서 새삼스레 상상력 이야기를 하는 것은 상상력이 갖는 허구성을 폭 넓게 수용하자는 것이다. 더 나아가서 수필이론에서 상상력의 허구성을 수용만 할 것이 아니라 확장하여 수필에서 재미를 만들어내자는 것이다. 상상력을 이용하여 만든 허구를 상당 부분 허용하자는 것이 나의 의도이다. 거듭 말하지만 상상력으로 만들어 낸 허구는 재미를 주는 좋은 방법이 된다.

수필은 일반적으로 1인칭 화법이고, 고백하는 양식이다. 고백에는 작가의 욕망이 들어있다. 고백에는 자신의 내면과 영혼을 드러낸다. 고백 양식이 근대문학의 문을 열었다고 말한다. 그렇다면 수필에서의 고백도 작가의 영혼을 그대로 드러낸 것일까. 상상력이 만들어 낸 내면을 가상이 아닌 작가의 진실된 영혼이랄 수가 있을까. 수필이 문학이기 위해서는 작가의 영혼이 들어 있어야 한다는 것이 나의 생각이다. 그러나 영혼을 어떻게 해석할 것인가를 깊이 생각해보자. 영혼이란 말이 너무 거창하다면 작가의 주관이라고 해보자. 주관이라고 하면 영혼보다는 무게가 가벼워 보인다.

그렇다면 '진실된 영혼' 대신에 '작가의 일관성 있는 주장'이라고 말해보자.

지금까지의 논지를 요약하면 수필에서도 문학의 일반 이론인 상상력을 인정하고 있으니까. 상상력의 속성을 지금보다 더 확대 해석하여 어느 정도의 허구까지도 수용하자는 주장을 해본다. 허구의 도입은 수필에 재미를 줄 수 있는 요소이기 때문이다. 수필을 좀 더 재미있게 쓸려면 상상력에 의존해야 하는 이유이다. 상상력은 이미지를 만들어 내는 기술 요소이다.

상상력은 경험을 바탕으로 하여 이야기를 만든다. 경험이 바탕 되지 않는 이야기를 만들었다면 공상이다. 문학의 영역은 공상이 아닌 상상의 세계이다. 경험은 기억으로 저장되어 있으므로 상상력은 기억을 이용하여 상상의 세계를 만들어 낸다. 기억은 상상력 자체가 아니고 상상력이 가공할 수 있는 재료를 제공한다. 여러 기억들이 서로 충돌하면서 무질서하게 존재하는 것을 하나의 줄거리로 정리한다. 여러 기억을 정리된 이야기 속에 용해시키는 것이 상상력이다.

상상력의 원천이 되는 기억을 살펴보자. 우리는 선호하는 것만 기억하기 때문에 기억은 주관적이다. 그러나 오늘의 수필가들은 상상력을 허구라면서 반대하는 기류도 강하다. 문학을 역사적으로 보면, 고대 신화와 전설이 근대의 과학과 이성으로 교체하였다. 과학과 이성이 신화와 전설을 비사실적이라면서 추방했기 때문이다. 오늘날에 각광 받는 환타지 문학은 추방했던 비이성적 내용을 다시 불러들인 것이다. 보수적인 수필 이론은 비사실적이라는 이유로 환타지성 이야기를 받아들이지 않는다. 문학에서 수필이 가장 보수적인 장르가 되어버렸다.

많은 작가들이 수필은 허구를 배제해야 한다는 이론을 신주단지로 모시므로 상상력에 의한 허구를 수필에서 받아들이기를 꺼린다. 지금의 우리 수필은 허구의 배제라는 스스로 친 울타리에 갇혀서 빠져나오지 못하고 허우적거리는 형상이다.

프로이트는 대표적인 상상력으로 백일몽을 꼽았다.

〈백일몽〉

　일반적으로 예술 작품 재작에 많이 활용하는 상상력에는 백일몽이 있다. 프로이트는 모든 문학작품은 작가의 백일몽이다, 라고 까지 말했다. 프로이트는 심층심리학임으로 자기의 방식으로 설명한다.
　백일몽, 즉 낮꿈은 현실 생활에서 충족되지 않는 욕구나 소망을 상상을 통해서 이루는 심리 기전이라고 하였다. 백일몽을 통해서 무의식적인 욕망을 잠시나마 해소하는 것이 목적이다. 이 말은, 수필가가 수필을 쓰는 동기가 채워지지 않는 자신의 욕망을 작품을 통하여 배설함으로 잠시나마 불안을 없애고, 심리적으로 안정을 찾을 수 있다. 왜 수필을 쓰느냐고 한다면, 이것도 답이다. 이것은 단순하게 자신의 소망을 충족하는 것만이 아니고, 이렇게 함으로 자아를 보호하기 위해서 심리적으로 도피하는 것이다. 어렵게 말하면 심리적 방어기제인 것이다
　우리가 가장 많이 드는 작품으로 '남가일몽'을 꼽는다. 남씨 남자는 꿈 속에서 부자도 되고, 이쁜 아내도 만난다. 현실에서는 채울 수 없었던 불만을 모두 만족시켜 준다. 여기까지가 백일몽이다. 그러나 소설 '남가일몽'은 잠을 깨는 순간 모든 것은 사라져버리더라는, 다분히 교훈적인 내용을 담고 있다. 교시 문학으로서 역할을 하였다. 수필이 반드시 교시적이

어야 하는 것은 아니다.

  그러나, 백일몽은 수필쓰기에서 상상력을 어떻게 이용할까에 대한 하나의 좋은 사례가 된다. 현실의 삶을 만족하고 사는 사람은 거의 없다. 현실에 대한 불편함은 불안을 만들고……, 불편함을 느끼게 하는 온갖 현실이 자신의 자아마저 망가뜨린다. 이럴 때 수필을 쓴다면 자신의 불안을 일시나마 없애주고, 즐거움을 느낀다. 수필쓰기도 이런 것이다. 이런 과정을 거치면서 자신의 정체성도 보호받는다. 수필쓰기는 자기를 보호해주는 방어의 역할을 한다.

수필은 일상을 다루는 문학이다

 일상은 날마다 반복되는 평상시의 생활을 말한다. 개개인의 일상은 그 사람의 삶이다. 일상이 모이면 그 사람의 인생이 된다.
 우리는 흔히 체바퀴 도는 듯한 일상에서 탈피하여 자유롭게 살고 싶다고 말한다. 우리 삶의 대부분을 차지하고 있는 것이 일상이다. '일상을 체바퀴'라고 한 것은, 우리는 삶에 얽메여 있다는 것이다, 우리는 일상(삶)에 얽메여 있고, 일상이 곧 내가 사는 삶의 방식이다. 일상이란 되돌아옴이 끝없이 반복한다는 것을 뜻한다. 오늘은 어제의 반복이고, 내일은 오늘의 반복일 것이다. 그래서 니체는 '회귀'라는 말을 사용했다. 회귀라는 말은 반드시 '같은 것'을 전제하여서 성립한다. 인간의 삶이 회귀한다고 할 때 인간은 자기 동질성이라는 뜻이라고 해석했다. 매일매일의 삶이 같다는 것이다. 같음으로 인하여 나의 특성이 만들어진다. 특성이 바로 나의 동질성이다. 그러나 수필쓰기를 할 때의 일상은 같은 것이 반복한다고 보지 않는다. 일상에서 새로움을 찾아나서는 것이 수필쓰기이다.
　일상에 관여하는 또 하나의 요소는 시간이다. 같은 것이란 일회성이란 뜻이 내포되어 있다. 되돌아 올 때는 시간이라는 배를 타고 돌아옴으로, 우리가 시간의 배를 타고 오는 한에서는 동질성은 성립할 수 없다고 한 사람은 하이데커 이다. 어제의 아침 시간과 오늘의 아침 시간은 이미 다르다. 왜냐면 시간이 다르기 때문이다. 같아 보여도 같지 않은 것은 어제의 시간과 오늘의 시간이 다르기 때문이다. 그는 시간까지 계산하여 '거기에 있다(Dasein)'라고 말함으로 되돌아 올 때는 다른 모습이 되어 있다고 했다. 어제의 아침과 오늘의 아침은 시간이 다르다. 어제 아침의 나와 오늘 아침의 나는 다른 시간 속에 있기 때문에 오늘의 있는 이 자리(공간)에 어제도 내가 있었다 할지라도 '거기에 있다.' 라고 말했다. 그렇다면 일상 속의 나는 시간이 조화를 부리므로 그때, 그때마다 다른 나이다. 이렇게 생각하고 일상을 살아가면 수필쓰기의 소재는 무지무지하게 많아진다
　어제의 나와 오늘의 나가 다른데도 일상을 '다람쥐 쳇바퀴' 라고 생각하면 삶의 폭이 좁아진다. 그러나 어제와 오늘이 다

르다고 생각한다 하여 삶의 틀 속에서(일상-삶의 방식) 벗어나는 것은 아니다. '틀'이 쳇바퀴이다.

(철학적으로 해석하니 글이 어려워집니다. 같은 것이 되돌아와서 반복하더라도, 되돌아 올 때는 처음에 올 때와 시간이 다르므로 같다고 할 수 없다는 주장입니다.)

 삶/형식 이라는 틀을 생각해보자. 틀은 내가 사는 삶의 방식이고, '쳇바퀴'가 된다. 그 틀속의 삶을 일반적으로 문화라고 한다. 문화라는 말은 우리가 살아가는 양식 모두를 문화라고 한다. 그래서 음식문화니, 놀이문화니 심지어는 출퇴근하는 방식까지도 문화라고 한다. 우리가 살아가는 모든 생활 방식이 문화이다. 우리는 어차피 문화 속에서 살아가도록 길들여져 있다. 우리의 삶이 실제로 드러나게 하려면 삶의 형식(문화)이 필요하다. 나의 삶은 끊임없이 변화하지만 바뀌지 않는 삶의 기본 틀이 형식이고 문화이다. 형식은 그 자체로서 변화에 저항하면서 바뀌지 않으려는 속성을 지닌다. 사는 방식이 쉽게 바뀌지 않는다는 것을 어렵게 표현하는 말이다. 출근하는 길도 늘상 자기가 다녔던 길을 고집하고…, 등등 여러 가지가 모두 그렇다. 삶의 형식이 지나치게 굳어져 있다면 삶의 변화를 꾀하더라도 지속하지 못하고 옛 모습으로 되돌아 올 수밖에 없다. 옛날 방식이 익숙하기 때문에 그대로 반복한다. 되돌아오더라도 동물적인 삶(본능이 지배하는 삶으로)으로 돌아가는 것은 아니다. 왜냐면 우리는 유기적 생명체이므로 기계적으로만 반응하는 것이 아니기 때문이다. 되돌아 올 때는 삶을 구성하는 모든 요소들이 작용하기 때문이다. 오늘의 삶에 대해서 전체적으로 사유하고서 접근하기 때문이다. 우리는 똑 같은 방식으로 반복을 한다지만, 기계가 아니므로 약간의 차이가 있다.--매일매일 반복하는 일상도 조금의 차이가 있더라는 말을 이렇게 어렵게 말하였습니다.

　위의 글은 삶을 어려운 말로 표현한 것이다. 쉽게 이해하려면 어제나 오늘이나 반복하는 나의 사는 모습이(삶) 문화이고, 문화 속에서 내가 드러나는 모습이다. 수필은 이러한 내 모습을 표현한다.

　우리를 옭아매는 형식은 자유로운 정신(마음의 세계)을 억제하는 구조이다. 아무 생각 없이 살아간다면 삶의 형식을 벗어나는 일은 거의 불가능에 가깝다. 쳇바퀴 도는 듯한 삶이란 말이 나오는 이유이다. 일상을 시간과 함께 철학적으로 생각해 보면 반복은 하되 차이가 있다는 관점을 가지고 우리의 수필을 써보자.

　우리는 내가 소속된 사회의 문화 속에서 살아가기 위해서 우리 사회가 금지하는 것은 억눌러 버린다. 금지하는 것은 거의 본능으로 구성되어 있다. 이것이 욕망이다. 욕망을 억누르는 것을 두고 '자유로운 정신을 억제하는 것'이라고 말하였다.

삶/형식을 예술/형식 또는 수필/형식이라는 틀을 대비하여 생각해보자. 전통적으로 수필을 규정하는 형식은 '붓가는 대로 쓰기'였다. 이것은 좋은 의미에서 '자유롭게 쓰기'이다. 자유롭게 쓰기가 쉬운 듯하면서도 어려운 이유는 자유에는 개성과 자아가 드러나기 때문이다. 일상에서 자유는 모든 책임이 행위자에게 돌아옴으로 생각만큼 자유롭지 못하다. 수필에 자아(진짜배기 자기)를 담아내려면 상당한 용기를 필요로 하는 이유이다. 수필쓰기에서 변화를 의식하면서 쓴다고 해서 기존의 형식에 벗어나게 쓰려고 해도 '이것이 수필이냐?'라는 주위의 시선을 벗어버리지 못한다면 메뚜기가 아무리 뛰어도 풀밭이듯이 작가도 풀밭(형식 또는 문화)을 벗어나기 어렵다. 말하자면 수필은 눈에 보이는(우리가 배운 수필형식을 말한다.), 또는 눈에 보이지 않는 형식을(문화 구조라 하여 사회가치를 벗어나기 어렵다는 뜻이다.) 탈피하기가 결코 쉽지 않다는 뜻이다.

1930년 대에 우리나라에 수필이 태어나서 100년이 되도록 발전하지 못하고 쳇바퀴 돌 듯 하는 이유도 바로 여기에 있다. 그 동안 많은 변화를 시도하였지만 결국 제 자리로 돌아

오는 이유도 형식의 경직성 때문이다. 형식의 관성 때문이다. 우리의 경험으로 수필은 이렇게 써야 한다는, 글쓰기의 방법이 오히려 우리 수필의 발전을 가로 막는다. 수필쓰기 전통 이론에는 많은 제한이 있다. 이것이 수필쓰기를 쳇바퀴 돌 듯이 하게 하였다.

 수필쓰기의 형식이 너무 강하게 경직되어 있는 이유가 무엇인지를 차근차근히 살펴봄으로 이유를 찾아내야 한다. 찾아만 낸다면 개선의 방법도 있을 것이다.

 오늘의 우리 수필이 너무 획일화 되어 있다는 비판을 받는다. 우리는 수필의 다양성을 주장하면서도 여러 가지 이유로 단선적인 시각에서 벗어나지 못했다. 수필의 변화를 부르짖었지만 눈에 보이지 않는 수필의 틀 또는 형식을 벗어나지도 못했다.

 소설에서 '해리 포터'가 왜 대성공을 거두었을까? '해리 포터'는 문학의 장르로 본다면 소설이 분명하다. 일반적으로 소설은 허구이지만 현실에서 실현 가능한 허구, 또는 현실 사회에서 만날 수 있는 허구라고 말한다. 그러나 해리 포터는 현실 사회에서 실현이 가능하지 않고, 만날 수도 없는 허구이다. 허구를 환상이나 공상이라는 영역까지 확대하였지만 소설의 장르로서 손색이 없다. 수필에서 그려내는 '유년 시절', '

고향이 해리 포터의 모험세계와 유사성은 없을까? 유사성이 있다면 해리 포터의 기법을 수필에 접목시키는 방법을 찾을 수는 없을까? 수필은 사실을 써야 한다는 형식을 벗어나는 방법은 없을까?

(*소설은 허구이지만, 현실에서 가능한 허구라는 전제가 깔려있다. 그러나 해리 포터의 허구는 환상임으로, 현실에서 불가능한 허구이다. 수필의 경우는 '사실'이어야 하지만, 사실이면서도 실제의 사실과는 다른 어떤 것을 찾아낼 수는 없을까.)

예술작품은 현실의 한 조각을 떼어내어 예술 장르의 고유한 질서를 부여하면 독립적인 작품이 태어난다. 해리 포터의 모험은 우연이 마치 필연인 것처럼 받아들이도록, 또는 받아들일 수밖에 없도록 만들어냈다. 그렇게 만들어 내는 비밀은 어디에 있을까?

다시 일상을 이야기하면, 일상은 우리의 삶을 만든다. 삶은 온전성/모순성으로 야기되는 긴장과 갈등이다. 동시에 긴장과 갈등으로 인하여 일어나는 역동성을 두고 사유를 함으로 예술의 문을 드드린다. 일상이 예술 작품 속으로 들어오는 이유는 작품이 야기하는 감정이 실제적으로, 또는 잠재적으로 수용자(독자)가 공유할 수 있기 때문이다. 일상적인 삶을 예술의 형식으로 얼마든지 차용할 수 있다. 일상의 삶의 형식은 공동체 사람이 감정을 공유하는 형식이기도 하다.(촘스키는 공동선 이라고 하였다.)

　우리가 현실에서 살아가는 것이라고 하여 모두 완벽한 것은 아니다. 설명이 안 되는 모순성도 있다. 설명이 안 되는 모순성을 독자에게 설명이 되는 방법을 찾아서 설득하는 것이 작품이 된다.

　수필의 소재는 거의가 일상에서 얻는다. 이런 이유로 신변잡기라는 폄하성 말도 듣는다. 가장 대표적인 일상인 '식사'를 보면, 배고픔을 단순히 영양분을 섭취한다는 동물적 본능의 이유로만으로 자신의 배고픔을 해결하는 일은 혼자서도 얼마든지 이룰 수 있다. 그러나 우리는 모여서 식사하는 것이 문화이다. 가족들이 모여서, 또는 사회적 모임에서 함께 식사하는 경우도, 먹고 마시면서 식사 예절이라는 형식을 통해서, 함께 식사하기를 수행함으로 배고픔의 해소라는 본능적인 삶과 일정한 거리 두기를 한다. 식사 예법이라는 일정한 형식을 통해서 각자(개인)가 함께(가족과 통합 또는 직장 동료라든지······.)하는 장(場-공간-field라는 뜻)을 만들어 낸다. 사회학자 짐멜은 이것을 '사교성'이라고 말했다. 개인의 감정이 사교성의 충족으로 바뀌게 된다. 사교성이란 각자가 만족-기쁨, 도움, 활력을 얻는 만큼 상대도 그 감정을 얻어야 한다.

사교성이라고 할 때는 나 이외의 동반자가 있기 때문에 참여적 동반자가 된다. 예술도 마찬가지이다. 예술은 고유한 양식을 통해서 현실을 변용시켜 우리에게 감동을 주는 사교의 장을 만든다.

예술이 일상을 자신의 양식을 통해서 어떻게 변용시키는지를 보자. 자연은 살아있는 세계이다. 모든 사물은 서로가 유기적 관계를 맺고 있다. 한편으로 내가 일상에서 만나는 수많은 사물도(사람, 사건 등등등) 나와 유기적 관계를 맺으므로 오브제(예술작품의 대상)로서의 역할을 한다.(*어떤 사물이 만들어진 용도로 사용하면 용기 또는 도구이지만 다른 의미로 전용되면 오브제라고 한다. 뒤샹의 변기는 용기로서는 변기이지만 미술품으로 되기 위해서는 변기가 아닌 다른 뜻으로 전용(오브제)되어야 한다.)

수필에서 어떤 대상을 소재로 글을 쓰면, 삶의 한 조각을 떼내어 작품 세계로 가져오면 실재로 그것은 내 삶의 한 부분이었지만 내 수필의 소재로 가져오면, 그 소재는 오브제로서 역할을 할 수 있다. 일상을 오브제로 떼내어 액자에 담는 작업이 수필쓰기이다. 다시 말하자면 일상은 예술의 형식에 의하여 예술작품으로 의미를 가지게 된다. 예술은 사교성을 띠므로 작품세계를 통해서 너와 내가 함께 공감하는 공동체(장-場)가 만들어 진다.

짐멜은 사교성을 사람들이 모임의 특수한 목적과 내용을 넘어서서 상호작용 그 자체, 모인다는 사실 그 자체로부터 오는 고유의 감정과 그것이 제공하는 만족감인 '사교성의 충동'을 추구할 때 성립되는 것을 말했다.

예술 즉 수필에 많은 독자들이 모여들어 공감이라는 만족감을 얻는다면 사교성 충동을 충족시켜 주는 것이다. 일상은 무의미한 반복이 아니라 만족을 주는 반복이 된다. 까뮈가 반복하여 바위를 밀어 올리는 시지프스 신을 형벌이 아닌 행복으로 만들어 준 논리이기도 하다. 까뮈가 시지프스 신화를 대상으로 자기의 의도를 펼쳤듯이 무의미하게 반복하는 일상을 가공하여 의미가 있는 예술작품으로 만든 것이 수필이다.

매일 직장에 출근하는 사람에게, 출근은 일상성이고, 그 사람의 삶이다. 쳇바퀴 돌기이다. 출근이라는 대상을 다른 의미로 해석하여 수필을 쓰면, 출근이 다른 의미를 가지므로 오브제가 된다. 우리가 쓰는 수필은 이 방법을 시용한다. 출근의 의미는 무엇일까. 밥 먹고 살려는 생존의 방법이라는 것이 일반적인 해석이라면, 우리 가족을 하나로 얽어메어 주는 사랑의 끈의 역할을 한다고 의미 부여를(오브제로 만든다:) 하면 수필이다.

17세기의 네델란드에서는 일상 생활을 그림으로 그렸다. 그 이전에는 성스러운 종교화가 주류를 이루었다. 성스러운 종교적 삶이 우리 삶의 중심이었고, 일상의 생활은 부수적이었다. 그림 속에서도, 부속적인 내용으로만, 성스러운 종교화의 배경으로 그려졌다. 그러나 네델란드에서 그린 그림은 중심 주제로 성스러움에서 일상을 가져왔다. 이것은 종교화라는 장르를 제치고 세속의 풍속화가 나타난 것은 일상이라는 세속의 삶이 우리 생활의 중심이 되었다. 미술사가들은 이것을 사회문화적인 변화를 보여주는 것이라고 했다. 일상을 예찬한 것이다. 일상은 우리에게 종교보다도 우선하는 삶의 중심이 되었다. 소재를 주로 일상에서 가져오는 수필도 일상의 예찬이다. 수필은 일상과는 뗄레야 뗄 수 없는 관계를 맺고 있다.

수필은 산문 문장으로 쓰여진다. 운문에서 산문으로 이행하고 발전하는 과정을 보면 시민사회가 되면서 대중이라는 존재가 나타나는 것과 궤를 같이 한다. 수필은 일반 대중들이 수용함으로 태어난 문학 장르라는 뜻이다. 그만큼 수필은 대중사회이고, 민주사회인 오늘에 적절한 문학 장르이다. 대중들의 일상적인 삶이 수필의 적절한 소재가 될 수 있는 조건이고 이유이다. 시보다 산문은 읽고, 이해하기가 쉬우므로, 많은 대중이 참여하는 문학 장르가 되었다.

서양 철학이 신과 진리를 찾으면서 수 천 년을 이어왔다. 서양인의 정신세계를 구성하는 것은 플라톤의 철학(이성과 진리)과 기독교(신)이다. 신과 진리에서 희망을 찾지 못하자 베르그송은 일상을 철학의 중심에 놓았다. 신의 자리에 인간을, 진리의 자리에 일상의 삶을 놓았다. 일상은 우리에게 더 할 수 없을 만큼 가치가 있다고 역설했다. 그 일상을 주로 다루는 수필이야말로 오늘의 문학에서 중심이 되어야 한다.

일상적인 것은 무의미한 반복이 아니라 철학의 중심에 놓일 만큼 의미로 충만해 있다. 일찍이 아리스토텔레스는 '일상적인 것에서 새로운 것을 발견해내는 것이 즐거움이다.' 라고 했다. 수필이 일상을 어떻게 다루어야 우리에게 즐거움을 줄까에 대한 대답이라고 하겠다.

나의 생활에서 의미가 없다고 생각한 어떤 일에 의미를 부여하여 그 일이 내 생활에서 중요한 역할을 한다고, 수필로 표현하면 아주 훌륭한 글이 된다
(*서양의 에세이는 일상에서 새로움보다는 신과 진리를 찾아나서는 경향이 있다.)
시지푸스 신화에서 까뮈는 반복하는 것은 일상이고 삶이다. 즉 삶이야말로 신의 축복이라고 해석하였다. 그렇다면 수필

도 신이 축복을 내려준 문학장르이다.

신이나 철학을 찾던 시대에는 엘리트 지식층만이 글쓰기에 참여했다. 적어도 라전어를 읽고, 쓸 줄 아는, 우리나라로 치면 한문을 읽고, 쓸 줄 아는 특수 계층(선비라고 했다.)이 글쓰기에 참여했다. 이때는 서양이나, 우리나라나, 시가 문학의 주류였다. 시는 짧은 글이기에 짧은 글에 자기의 생각을 담아내려니, 상징으로, 은유로, 환유로 표현하고, 고전에서 말을 인용하여 일반 대중이 이해하기 어렵게 만들고,

그러나 사유의 세계가 신이나 철학에서 인간사(일상)로 바뀌니, 엘리트 지식인이 아닌 일반인도, 어려운 말로 쓰지 않고, 삶에서 찾아낸 의미를 길게 풀어서 쓰는 산문으로 표현했다. 수필이 딱 들어맞는 장르가 되었다.

문학의 흐름을 보면, 시대 사조가 변하면 문학도 변화의 모습을 보여주었다. 변화의 모습을 보인 문학이 살아남았다. 수필도 마찬가지일 것이다. 지금 우리 시대는 디지털 시대라고 하여, 사회문화적으로 엄청난 변화를 겪고 있다. 수필도 변화를 따라가야 살아남을 수 있다. 구태의연한 방법으로 수필을 쓴다면 살아남지 못하리라는 것은 뻔하다.

따라서 수필은 일상을 소재로, 쉬운 말로, 풀어서 쓰는 양식이 기본임으로 사회 변화에 더 쉽게 따라갈 수 있다.

수필은 누구나 참여할 수 있는 문학장르이다. 나의 일상을 다루는 글쓰기이다. 그러나 변화를 시도한 자만이 살아남는다는 사실도 알아야 할 것이다.

일상, 그리고 쇼(show)하기

(*쇼 show는 보여주기 위한 행동이라는 뜻이 있다.)

　수필의 소재는 일상이라고 한다. 그렇다면 우리가 매일매일 꾸려나가는 일상은 어떤 형태를 하고 있을까. 그 일상을 소재로 수필을 쓸려면 어떻게 써야 할까.
　우리가 매일매일 살아가는 일상이 모이면 인생이 된다. 인생을 연극 무대로 비유한 문인이 많다. 우리의 삶이 남에게 보여주기라는 것이다. 쇼라고 한 대표적인 인물이 세익스피어 이다.
　일상이란 개인의 생활이다. 개인 생활이란 개인의 삶이 구체적으로 나타나는 것이고, 그 사람에게만 있는 특수한 생활이다. 일상은 그 사람의 특수한 생활양태로(개체 특이성) 나타나기 때문에 그 사람의 속성(사물의 특징이나 성질)이 내포되어 있다. 대부분의 사람들은 겉보기로는 평범하게 살아간다. 수필은 개인이 평범하게 살아가는 자기의 일상을, 스스로 엿보기를 하고, 공개적으로 논쟁도 하면서 자신의 특이성을 드러내는 글이다. 즉 나의 삶을 재현해 내는 것이다. 좀 더 설명하자면 그냥 재현하는 것만이 아니고 추상화하는 작업이다. 자기의 일상을 추상화 하지 못한다면 그냥 제시히는 것이 되어 버린다.

일상을 엿보기 한다는 것은 자기 자신을, 자신의 삶을 자기의 눈을 조금은 삐딱한 시선으로(비판적인 눈으로) 바라보아서 자신만의 특이한 점을 찾아낸다는 뜻입니다.

일상을 추상화한다는 말의 뜻을 이해해야 할 필요가 있다. 수필쓰기가 바로 이런 개념과 연결되기 때문이다. 추상이란 눈에 보이는 사물이나 현상을 그대로 드러내는 것이 아니다. 그 너머에 있는, 눈에 보이지 않지만, 눈에 보이는 것의 공통적인 어떤 속성을 말한다. 그렇다면 눈에 보이는 일상의 생활에서 눈에 보이지 않는 속성을 말한다는 것은, 일상 생활에서 속성이랄 수 있는, 눈에 보이지 않는 어떤 의미를 찾아낸다는 뜻이다. 평범함이 일상사라면, 평범한 일상사에서 평범하지 않는 어떤 의미를 찾아낸다는 뜻이기도 하다.

일상사란 그 사람의 지속적이고, 공통적인 삶의 행태이기도 한다. 일상사를 글로 써서, 글을 읽는 독자에게 평범한 삶의 너머에 있는 어떤 의미를 전달하는 것이 글쓰기 전문가라는 수필가의 작업이다.

 이 말을 다시 분석해보면 한 사람의 일상사란 하나하나의 행동에 그 사람만의 공통성이 있고, 행태들도 서로 닮아 있다. 공통점이 있다는 것이고, 그 공통점이 속성이랄 수 있다. 그렇기 때문에 수필가는 자기의 일상을 소재로 하여(엿보기를 하여, 자신의 은밀함을 찾아내서) 의미가 담겨 있는 수필을 쓴다.

 자신의 정상적인 일상을 드러내서 남에게 보여주려고 할 때는 사실 그대로이기 보다는 '이상화'하여 보여주려는 경향이 있다. 왜냐면 사람이란 언제나 자신이 옳다는 생각을 하기 때문이다. 서두에서 말하였듯이 일상이란 보여주기 위한 연기를 하는 연극이다. 자신이 연기하는 연극에 관중이 빠져들기를 바란다. 일상이란 내가 쓴 희곡을 내가 연출한 것이기 때문에 자신이 연기하기가 가장 좋다. 실제의 삶보다는 글로 나타내는 자신의 일상이 더 연극적이라고 한다. 글을 쓸 때는 자신을 제시하는 것이 아니고 연출하여 만든 쇼이기 때문이다. 때문에 수필글은 자신의 연기를 멋지게 나타낼 수 있는(이상화하여) 가장 좋은 연극 대본이다.

삶이란 인생사를 연극이라고 한다면, 실제로 배우가 무대에서 연기하는 연극은 어떤지를, 서로 비교해 보자.

무대 위에서 공연하는 배우가 관객들에게 그럴듯하게 보이기 위해서 하는 행동과 몸가짐을 고프만은 '인상 관리'라고 하였다. 시쳇말로는 '이미지 관리'이다. '이미지 관리'라는 것도 따져보면, 자기 자신을 남에게 돋보이려는 행동이다. 공주병이나 왕자병처럼 너무 심하면 관객의 호응을 얻기에 역효과일 수가 있다. 배우는, 아니 일상을 살아가는 우리는 이미지 관리를 하면서도 관객의 눈치도 살펴야 하는 이유이다. 이 말은, 우리의 행동들은 제 멋대로만이 아니고 사회적 통념에서 벗어나지 않으려고 노력한다는 것이다.

수필(삶을 소재로 쓴 연극 대본이다.)의 소재가 되는 일상의 생활을 좀 더 관찰해보자. 무대 위에서 연기하는 배우와 하나 다르지 않게, 우리도 일상 생활에서 인상 관리를 하면서 연기한다는 것이다. 왜냐면 나의 일상이 사적 생활이라 하여 보는 사람이 없이 저 혼자서 하는 행동이 아니다. 보는 사람이 있고, 행동하는 우리도 보는 사람이 있다는 것을 알고 있다. 사례를 찾아보면 수도 없이 많다.

의사 선생님의 진료실에 들어가면 외국에 가서 외극 의사와 함께 찍은 사진이 눈에 가장 잘 띄는 곳에 걸려있다. 교수님의 방에는 자신이 읽어내는지는 모르지만 두꺼운 원서로 가득 채워있는 책장도, 학생들에게 보여주기 위한 인상 관리이다.(이 내용의 사실 여부를 나는 모르고, 책에서 그대로 인용하였음) 이런 현실은 하나의 코미디이지만 우리의 일상에서는 수도없이 나타난다. 수도 없이 나타나는 이런 것이 수필쓰기의 소재가 된다. 이것이 코미디라 하더라도 현실이다. 이런 것이 바로 우리의 사회이고 우리의 문화라는 것이다. 일상을 쇼(show-보여주기)라고 말하는 이유이다.

  나를 쓴다고 하면, 보여주기 위하여 연극하는 나를 쓴다는 것이다. 일상이 이렇다면 진지하고, 엄숙한 수필이론으로 무장한 우리가 일상을 수필의 소재로 한다는 것이 어딘가 맞지 않을 것 같다.

  수필론으로 말하여, 수필가가 쓰는 수필은 일상을 추상화하는 작업이라고 말하였다. 일상이 쇼라면, 수필은 쇼(일상)를 단순히 제시(재현)하는 것이 아니고 쇼 너머에 있는 의미를 찾아내는 것이어야 한다. 아무리 평범한 삶을 사는 개인이라 하더라도 일상사에는 사회의 공동 관심들과 공동의 가치들이 녹아 있다.

  우리가 너무 보여주는 것만을 의식하여도 바라는 것이 이루어지지 않는다. 너무 많이, 너무 멋지게 보여주면, 관객은 오히려 빨리 식상해한다고 하였다. 그렇다면 적당히 보여줌으로 관중들의 식상함을 줄이는 방법이 있을까. 우리의 삶 자체를 쇼라고 하였으므로 그런 방법이 거의 없다. 수필을 쓰는 우리에게는 그런 사실이 오히려 다행일 수도 있다. 현실의 생활이 쇼가 아니고 완벽하다면 현실을 추상화하여, 그 너머에서 어떤 의미를 찾을 수 있을까, 현상과 이상이 하나라면 의미를 찾아나설 이유도 없다. 현상 자체가 의미와 같기 때문이다. 찾을 필요가 없다면 수필쓰기가 그만큼 더 어려워질 것이 아닌가.

우리의 실제 일상생활에서는 쇼를 하느라 속임수와 거짓을 포함하는 일은 부지기 수라고 하였다. 인간의 삶이 쇼라고 하여, 모든 것을 보여주고 싶어 하는 것은 아니다. 보여주기 싫은 것들도 많이 있다. 보여주지 않으니 남에게는 숨겨진 행위이고, 나 혼자만이 알고 있는 은밀한 행위이다. 이러한 행위의 대부분은 사회의 주류적 가치관이나 이상적인 기준에 맞지않는 것들이라서 드러내기 싫은 것들이다.

배우들이라면 관객들이 보지 않은 무대 뒤에서 관객들에게 기분 나빴던 자기의 속내를 드러내어 쌍욕까지 하기도 한다. 남에게 보여주기 싫어서 나 혼자만이 알고 있는 이런 것들도 나의 삶이고, 나의 일상이 된다. 남에게 보여주기 위한 연기의 경우는 거짓인 경우가 많다, 즉 다른 사람에게 보여주기 위한 나의 행동이 진실이 아니라는 것이다. 이런 때문에 쇼라고 하였다.

쇼가 허위성이 되는 것은 개인의 문제가 아니고 사회문화와 연결되어 있다. 개인적인 허위의식의 대표격인 체면이란 것도 사회문화적인 측면이 강하다. 경조사에서 내가 봉투에 넣어야 하는 액수라든지, 나의 능력을 벗어나는데도 자녀의 결혼식장을 호텔로 잡아야 하는 일이라든지……, 체면 때문이라고 하지만, 따져보면 사회문화적인 분위기에 휩쓸려서 하는 행위가 대부분이다. 배우가 무대 뒤에서 털어놓는 쌍욕처럼 체면과 사회문화가 나를 허위 의식으로 몰아갔다는 뼈아픈 반성을 하고, 이런 내용을 수필글로 표현하였다면, 삶이라는 일상 너머에 있는 추상성에서 의미를 찾아낸 표현이 아닐까.

여기에서 사례로 든 보기에서는(실제의 연극) 상식적으로 쇼의 허위성과 거짓이 단번에 드러나지만, 실제의 삶에서는 그렇게 쉬이 드러나지 않는다. 글을 쓰는 사람은 자신의 내면을 뼈를 깎는 아픔을 가지고 성찰해야 하는 이유이다. 왜냐면 일상의 삶은 배우가 무대에서 연기를 할 때와 무대에서 내려왔을 때처럼 분명하게 나누어지지 않기 때문에 배우가 무대의 뒤에서 쏟아낼 수 있는 불만의 토로와는 다르다. 일상에서 서로 다른 양면을 무자르듯이 구분한다는 것은 거의 불가능이다. 우리의 일상은 이중성을 띠고 있으므로 쇼를 하는 행동이 오히려 쇼의 가식성을 폭로할 위험이 높아진다고 하였다.

타인을 너무 의식하면 쇼를 하는 모습이 오히려 더 잘 눈에 띈다는 것이다. 그래서 우리는 나의 행동의 가식성이 타인에게 드러날까 봐서 또 불안해한다. 더 나아가면 나의 일상 행동에서 무엇이 속임수이고, 무엇이 진실인지를 나 자산도 가려내기 어렵다.

 이처럼, 일상에서 이중적인 행동을 함으로 일상생활이 거짓과 속임수를 내포한 것이 부지기 수이다. 배우가 실제에서는 벨텔의 행위를 싫어하면서도 역을 맡아 무대 위에서 연기를 하고서는 관객이 보지 않는 무대의 뒤에 내려와서는 자기의 속내를 들어내 보이기도 한다. 예로서 벨텔의 역을 하고서는 무대 뒤에 내려와서 '사랑 좋아하네' 죽기는 왜 죽어, 라며 비아냥거렸다고 하자. 그러면서 이것을 아무도 보지 않는 은밀한 일이라고 생각한다. 이처럼 남이 모르기를 바라는 은밀함도 나의 삶이고 나의 일상이다. 이런 것은 나의 삶에도 허위성이 있고, 관객 앞에서 펼친 연기가 진실이 아니라는 것을 알게 해준다. 쇼의 허위성에는 나의 허위의식만이 관여한 문제가 아니다. 사회문화도 있다. 개인적인 허위 의식의 대표적인 것이 '체면'이다. 체면은 나의 능력을 넘어서게 하고 배우들이 무대 뒤에서 속 마음을 털어놓듯이 나의 불편한 속 마음을 은밀히 토로하기도 한다. 여기에는 체면과 사회문화가 나를 허위 의식으로 몰아갔다는 뼈아픈 반성이(후회이든, 자조이든)

쏟아진다. 이런 내용을 글로 표현하려면……, 삶이라는 일상 너머에 있는 추상성으로 의미를 표현할 수 있을 것이다. 그러나 실재에서 가식과 진실을 구분해내는 일이 쉽지는 않다.

 자리를 같이 한 사람들이 상사를 욕하고, 동료를 비난히면 내가 그들의 말에 반드시 동조하는 것도 아니면서 자기도 모르게 휩쓸려 들어가서 함께 욕하고 비난하는 일도 자주 있다. 함께 있으면 자기도 모르게 동류 의식이 느껴진다. 이런 일은 우리의 일상에서 매일 일어나다시피 한다. 또 후회하게 한다. 이렇게 되면 우리의 일상에서 무엇이 거짓이고, 무엇이 진실인지도 애매해진다.

 수필쓰기를 우리는 진실을 찾아나서는 일이라고 하였다. 우리는 진실을 가치있는 일이라고 생각한다. 완벽한 진실이란 없기도 하지만, 실제의 삶에서는 불행하게도 우리는 순도 100%의 진실을 원하지도 않는다고 하였다. 오히려 거짓을 원한다고 한다. 슬픈 일이지만 이것이야말로 우리 모두에게 가슴 아픈 진실이다. 대부분의 사람들은 삶을 살아가면서 의식적이든 무의식적이든 애써 진실을 외면한다. 그러나 더 분명한 것은 그렇다고 하여 진실이 없어지지 않는다.

 이 세상에서 인간관계를 유지하도록 하는 것에는 진실보다 거짓이 더 강한 접착제 역할을 하는 경우가 많다. 인간관계에서 진실을 속속들이 까발리면 사회생활을 유지하는 일이 더 힘들어지는 일도 비일비재하다. 이것을 역설적으로 말하면 우리 사회가 존속하기 위해서는 인간관계가 탈 없이 유지되어야 하고, 이러기 위해서는 거짓도 한 역할을 하기 때문이다. 필요한 거짓, 바로 '위선'과 다름 아니다. 위선이 나쁘다는 오랜 통념과 달리, 실제의 생활에서는 위선이 그렇게 나쁘지만은 않다는 것이다. 아니 오히려 더 좋을 때도 있다고 함으로 위선은 진실과도 연결된다.

수필쓰기를 결론적으로 말하기 전에 위선에 대하여 조금 더 살펴보기로 하자. 선의의 거짓말이라면서 좋은 결과를 가져올 때는 위선이 반드시 나쁜 것만은 아니라고 할 수 있지만, 위선 자체가 우리가 사는 세상에서 추구하는 가치는 아니라는 것도 사실이다. 수필쓰기를 삶의 현상 너머에 있는 추상적 가치를 찾아가는 것이라고 하였지만, 위선을 좋음과 나쁨의 어느 쪽으로 보아야 하느냐도 쉽게 결정할 수 있는 것은 아니다. 결과가 좋다고 하여 위선을 수필이 추구하는 가치인 진실과 화해할 수 있을까 하는 문제와 부딪히게 된다. 왜냐면 결과보다 방법으로 좋고, 나쁨을 판단하는 일도 많기 때문이다.

우리가 어떤 일을 할 때, 내가 하는 일이 진실인가 아닌가를 따지지 않는 경우가 대부분이다. 만약에 '그 일을 왜 했느냐'고 묻는다면 '의례히 하는 일이라서 그냥 했을 뿐이에요.'라고 말하는 경우가 많다. '그냥'이라고 하면 진정성이 없어 보인다. 진정성이 없어 보이는, 단순히 의례적인 행동이 의례적인 사실을 넘어서 그 이상의 힘을 가질 때도 많다. 아파트의 엘리베이트에서 년세가 많은 노인을 만나서 그냥 의례적으로 머리를 숙이고 인사를 했다. 노인에 대한 의례적인 행위에 불과했겠지만 이러한 행위가 함의하는 것은 아주아주 많다. 수필가가 글을 쓴다면 단순히 의례적인 이런 행위에서 수많은 진실을 꺼집어 낼 수 있다.

그러나 글쓰는 사람이 이런 행위를 두고, 속내는 인사하고 픈 마음이 우러나와서가 아니고, 노인에게 인사는 의례적인 행위이고, 위선적인 행위라면서 삐딱하게 보아도 그렇게 보는 사람의 권리임으로 우리는 할 말이 없다. 그러나 사회생활에 위선이더라도 필요하다라는 해석을 하였다면, 이런 판단도 글쓰는 사람의 권리이다. 그러나 독자도 작가의 판단을 그대로 받아들이는 것은 아니다. 독자의 판단에 어떤 영향을 주는가는 작가의 능력이다. 작가가 자기의 글에 어떤 진실을 담아내는가는 행위 자체가 아니고 행위에 대한 설명이고, 판단이다. 이에 독자가 어떻게 반응하느냐에 따라 위선이 되기도 하고, 진실이 되기도 한다. 다시 말하지만, 독자를 설득하는 것은 작가의 권리이고, 능력이다.

인간의 행동은 선과 악의 이분법으로 명확하게 나뉘어져 있는 것이 아니다. 작가가 어떻게 판단하느냐, 독자를 어떻게 설득하느냐의 문제이고, 또 독자가 작가의 판단을 어떻게 받아들이냐는의 문제이다.

  이처럼 가치판단이 일방적으로 결정되는 것도 아니다. 오히려 혼란을 준다, 이것은 오히려 우리가 수필을 쓰기 위한 좋은 환경이 아닐까. 수필의 진실 내용이 불확실하다는 것은 나의 판단이 관여할 수 있는 여지가 있기 때문이다.

  골치아픈 수필을 왜 쓰느냐고? 생각없이 살고 있는 나 자신을 다시 한 번 들여다볼 수 있다는 것은 나에게 크다란 수확이 아닐까.

수필은 나의 일상을 다루는 글쓰기이다

 일상은 날마다 반복되는 평상시의 생활을 말한다.
 우리 삶의 대부분을 차지하고 있는 것이 일상이다. '일상의 체바퀴'란 우리의 삶이 삶의 틀, 즉 형식에 얽메여 있다, 우리는 일상에 얽메여 있고, 일상이 곧 내가 사는 방식, 즉 삶의 형식이다. 일상이란 되돌아 옴이 끝없이 반복한다는 것을 뜻한다. 오늘은 어제의 반복이고, 내일은 오늘의 반복이다. 그래서 니체는 '회귀'라는 말을 사용했다. 회귀는 반드시 '같은 것'을 전제하여 성립한다. 인간의 삶이 회귀한다고 할 때 인간의 자기 동질성이라는 뜻이라고 해석했다. 매일매일의 삶이 같다. 같음(동질성)으로 인하여 나의 특성이 만들어진다.
 일상에 관여하는 또 하나의 요소는 시간이다. 시간이란 일회성이란 뜻이 내포되어 있다. 되돌아 올 때는 시간이라는 배를 타고 돌아옴으로 이미 동질성은 성립하지 않는다고 한 사람은 하이데커 이다. 어제의 아침과 오늘의 아침은 시간이 흐른 뒤이기 때문에 다르다. 그는 '거기에 있다(Dasein)'라고 말함으로 되돌아 올 때는 다른 모습이 되어 있다. 왜냐면 나는 시간 속에 갇혀 있고, 시간을 벗어날 수 없기 때문이다. 같은 모습으로 되돌아오더라도 시간이 다르면 같은 나이라고 할 수 없다. 그렇다면 일상 속의 나는 시간이 조화를 부리므로 그때, 그때마다 다른 나이다. 다른 나이지만 삶의 틀 속에서 벗어나는 것은 아니다. 이렇게 말을 하니 철학적인 해석이 들어가서 글이 어려워집니다. 같은 것이 되돌아와서 반복하더라도, 되돌아 올 때는 처음에 올 때와 시간이 다르므르 같다고 할 수 없다는 주장이다.

그렇다면, 일상을 두고 니체와 하이데크는 다르개 해석한다. '같은 것'이라고 했고, 또 '다른 것'이라고 하였다.)

삶/형식 이라는 틀을 생각해보자. 그 틀(삶의 형식)을 일반적으로 문화라고 한다. 문화라는 말은 우리가 살아가는 양식 모두이다. 그래서 음식문화니, 놀이문화니 심지어는 출퇴근 하는 방식까지도 문화라고 한다. 삶 자체가 문화임으로 우리는 어차피 문화 속에서 살아가도록 길들여져 있다. 우리의 삶이 실제로 드러나게 하려면 삶의 형식(문화)이 필요하다. 나의 하루하루 삶은 끊임없이 변화하지만 바뀌지 않는 삶의 기본 틀이 형식이고 문화이다. 형식은 그 자체로서 변화에 저항하면서 경직되는 속성을 지니고 있다. 사는 방식이 쉽게 바뀌지 않는다는 것이다. 출근하는 길도 늘상 자기가 다녔던 길을 고집하고, 등등 여러 가지가 모두 그렇다. 삶의 형식이 지나치게 굳어져 있다면 삶의 변화는 나타나지 못하고, 사는 모습이 옛날 방식을 그대로 반복한다. 되돌아오더라도 동물적인 본능이 지배하는 삶으로 돌아가는 것은 아니다. 왜냐면 우리는 유기적 생명체이다. 생각없이 그냥 기계적으로만 반응하는 것이 아니기 때문이다. 되돌아 올 때는 삶을 구성하는 모든 요소들이 작용한다. 즉 본능만이 작용하는 것이 아니다. 오늘의 삶에 대해서 전체적으로 사유하고 나서 접근하기 때문이다. 우리는 똑 같은 방식으로 반복을 한다지만, 기계가 아니므로 약간의 차이가 있다. 매일매일 똑 같은 모습으로 반복하는 것 같은 일상이더라도 조금의 차이가 있다는 말을 설명하다보니 설명이 더 어려워져 버렸네요.

우리를 옭아매는 형식은 자유로운 정신(삶)을 억제하는 구조이다. 아무 생각 없이 살아간다면 삶의 형식을 벗어나는 일은 거의 불가능에 가깝다. 쳇바퀴 도는 듯한 삶이란 말이 나오는 이유이다. 일상을 시간과 함께 철학적으로 생각해 보면 반복은 하되 차이가 있다. 차이를 일으키는 기본 이유는 생각하기 때문이다. 이러한 관점을 가지고 우리의 수필을 생각해보자.

　삶/형식을 예술/형식 또는 수필/형식이라는 틀을 대비하여 생각해보자. 전통적으로 수필을 규정하는 형식은 '붓가는 대로 쓰기'였다. 이것은 좋은 의미에서 '자유롭게 쓰기'이다. 자유롭게 쓰기가 쉬운 듯하면서도 어려운 이유는 자유에는 개개인의 개성과 자아가 드러나기 때문이다. 일상에서 자유는 모든 책임이 행위자에게 돌아옴으로 생각만큼 자유롭지 못하다. 수필에 자아(진짜배기 자기)를 담아내려면 상당한 용기를 필요로 한다. 수필쓰기에서 변화를 의식하면서 쓴다고 해도 '이것이 수필이냐?'라는 주위의 시선을 의식하고 있다면 메뚜기가 아무리 뛰어도 풀밭이듯이 작가도 풀밭(형식 또는 문화)을 벗어나기 어렵다. 말하자면 수필은 눈에 보이는, 또는 눈에 보이지 않는 형식을 탈피하기가 결코 쉽지 않다는 뜻이다.
　1930년 대에 우리나라에 수필이 태어나 수십 년을 거치면서 발전하지 못하고 쳇바퀴 돌 듯 하는 이유도 바로 여기에 있다. 그 동안 많은 변화를 시도하였지만 결국 제 자리로 돌아오는 이유도 형식의 경직성 때문이다. 수필은 이렇게 써야 한다는, 글쓰기의 방법이 오히려 우리 수필의 발전을 가로 막는다. 수필쓰기에는 많은 제한이 있다. 이것이 수필쓰기를 쳇바퀴 돌 듯이 하게 한다.

수필쓰기의 형식이 너무 강하게 경직되어 있는 이유가 무엇인지를 차근차근히 살펴봄으로 이유를 찾아내야 한다. 찾아만 낸다면 개선의 방법도 있을 것이다.

오늘의 우리 수필이 너무 획일화 되어 있다는 비판을 받는다. 우리는 수필의 다양성을 주장하면서도 여러 가지 이유로 단선적인 시각에서 벗어나지 못했다. 수필의 변화를 부르짖었지만 눈에 보이지 않는 수필의 틀 또는 형식을 벗어나지는 못했다.

소설에서 '해리 포터'가 왜 대성공을 거두었을까? '해리 포터'는 문학의 장르로 본다면 소설이 분명하다. 일반적으로 소설은 허구이지만 현실에서 실현 가능한 허구, 또는 현실 사회에서 만날 수 있는 허구라고 말한다. 그러나 해리 포터는 현실 사회에서 실현이 가능하지 않고, 만날 수도 없는 허구이다. 허구를 환상이나 공상이라는 영역까지 확대하면 소설의 장르로서 손색이 없다. 수필에서 그려내는 '유년 시절', '고향'이 해리 포터의 모험세계와 유사성은 없을까? 유사성이 있다면 해리 포터의 기법을 수필에 접목시키는 방법을 찾을 수는 없을까?(수필은 사실을 써야 한다는 형식을 벗어나는 방법은 없을까?)

 소설은 허구이지만, 현실에서 가능한 허구라는 전제가 깔려있다. 그러나 해리 포터의 허구는 환상임으로, 현실에서 불가능한 허구이다. 수필의 경우는 '사실'이어야 하지만, 사실이면서도 실제의 사실과는 다른 어떤 것을 찾아낼 수는 없을까.

 예술작품은 현실의 한 조각을 떼어내어 예술 장르의 고유한 질서를 부여하면 독립적인 작품이 태어난다. 해리 포터의 모험은 우연이 마치 필연인 것처럼 받아들이도록, 또는 받아들일 수밖에 없도록 만들어냈다. 그렇게 만들어 내는 비밀은 어디에 있을까?

 일상은 우리의 삶을 만든다. 삶은 온전성과 모순성으로 야기되는 긴장과 갈등이다. 동시에 긴장과 갈등으로 인하여 일어나는 역동성을 두고 사유를 함으로 예술의 문을 드드린다. 일상이 예술 작품 속으로 들어오는 이유는 작품이 야기하는 감정이 실제적으로, 또는 잠재적으로 수용자(독자)가 공유할 수 있기 때문이다. 일상적인 삶을 예술의 형식으로 얼마든지 차용할 수 있다. 일상의 삶의 형식은 공동체 사람이 감정을 공유하는 형식이기도 하기 때문이다.

 현실에서 살아가는 나라고 하여 완벽한 것은 아니다. 나는 설명이 안 되는 모순을 안고 있는 살아가는 수가 많다. 설명이 안 되는 모순성을 독자에게 설명이 되는 방법을 찾아서 설득하면 작품이 된다.

　수필의 소재는 거의가 일상에서 얻는다는 것이 정설이다. 이런 이유로 신변잡기라는 폄하성 말도 듣는다. 가장 대표적인 일상인 '식사'를 보면, 배고픔을 단순히 영양분 섭취한다는 동물적 본능의 이유로만으로 자신의 배고픔을 해결하는 일은 혼자서도 얼마든지 해결할 수 있다. 그러나 우리는 가족들이 모여서, 또는 사회적 모임에서 함께 식사하는 경우도 많다. 먹고 마시는 일이 배고픔을 해결하는 본능적 욕구를 해결한다 하더라도 식사 예절이라는 형식을 통해서, 또 형식을 수행함으로 본능적인 삶과 일정한 거리두기를 한다. 식사 예법이라는 일정한 형식을 통해서 각자(개인)가 그들과 함께 함으로 가족과 통합 또는 직장 동료라든지……. 생활의 장을, 삶의 장을 (場-공간-field라는 뜻)을 만들어 낸다. 사회학자 짐멜은 이것을 '사교성'이라고 말했다. 개인의 감정이 사교성의 충족으로 바뀌게 된다. 사교성이라고 할 때는 각자가 만족-기쁨, 도움, 활력을 얻는 만큼 상대도 그 감정을 얻어야 한다. 사교성이라고 할 때는 나 이외의 동반자가 있고, 동반자가 감정을 공유하면, 참여적 동반자가 된다. 예술도 마찬가지이다. 예술은 고유한 양식을 통해서 현실을 변용시켜 우리에게 감동을 주는 사교의 장을 만든다. 독자가 같은 감정을 느낀다면 이 또한 참여적 동반자이다.

예술이 일상을 자신의 양식을 통해서 어떻게 변용시키는지를 보자. 자연은 살아있는 세계이다. 모든 사물은 서로가 유기적 관계를 맺고 있다. 한편으로 내가 일상에서 만나는 수많은 사물도(사람, 사건 등등등) 나와 유기적 관계를 맺으므로 오브제로서의 역할을 한다.(어떤 사물이 만들어진 용도로 사용하면 용기 또는 도구이지만 다른 의미로 전용되면 오브제라고 한다. 뒤샹의 변기는 용기로서는 변기이지만 미술품으로 되기 위해서는 변기가 아닌 다른 뜻으로 전용(오브제)되어야 한다.)

수필에서 어떤 대상을 소재로 글을 쓰면(삶의 한 조각을 떼내어 작품 세계로 가져오면) 그 소재는 오브제로서 역할을 할 수 있다. 일상을 오브제로 떼내어 액자에 담는 작업이 수필쓰기이다. 다시 말하자면 일상은 예술의 형식에 의하여 예술작품으로 의미를 가지게 된다. 예술은 사교성을 띠므로 작품세계를 통해서 너와 내가 함께 공감하는 공동체(장-場)가 만들어 진다. 짐멜은 사교성을 사람들이 모임의 특수한 목적과 내용을 넘어서서 상호작용 그 자체, 모인다는 사실 그 자체로부터 오는 고유의 감정과 그것이 제공하는 만족감인 '사교성의 충동'을 추구할 때 성립되는 것을 말했다. 수필도 고유의 감정과, 수필이 제공하는 만족감을 느끼므로, 사교성 논리가 성립한다.

예술 즉 수필에 많은 독자들이 모여들어 공감이라는 만족감을 얻는다면 사교성 충동을 충족시켜 주는 것이다. 일상은 무의미한 반복이 아니라 만족을 주는 반복이 된다. 까뮈가 반복하여 바위를 밀어 올리는 시지프스 신을 형벌이 아닌 행복으로 만들어 준 논리이기도 하다. 무의미하게 반복하는 일상을 가공하여 의미가 있는 예술작품으로 만들어진 것이 수필이다.

매일 직장에 출근하는 사람에게, 출근은 일상성이고, 그 사람의 삶이다. 쳇바퀴 돌기이다. 출근이라는 대상을 다른 의미로 해석하여 수필을 쓰면, 출근이 다른 의미를 가지므로 오브제가 된다. 우리가 쓰는 수필은 이 방법을 시용한다. 출근의 의미는 무엇일까. 밥 먹고 살려는 생존의 방법이라는 것이 일반적인 해석이라면, 우리 가족을 하나로 얽어메어 주는 사랑의 역할을 한다고 의미를 부여(오브제로 만든다:) 하면 수필이다.

17세기의 네델란드에서는 일상 생활을 그림으로 그렸다. 그 이전에는 성스러운 종교화가 주류를 이루었다. 성스러운 종교적 삶이 우리 삶의 중심이었고, 일상의 생활은 부수적이었다. 그림 속에서도, 부속적인 내용으로만, 성스러운 종교화의 배경으로 그려졌다. 그러나 네델란드에서 그린 그림은 중심 주제로 성스러움에서 일상을 가져왔다. 이것은 종교화라는 장르를 제치고 세속의 풍속화가 나타난 것은 일상이라는 세속의 삶이 우리 생활의 중심이 되었다는 뜻이다. 미술사가들은 이것을 사회문화적인 변화를 보여주는 것이라고 했다. 일상을 예찬한 것이다. 일상은 우리에게 종교보다도 우선하는 삶의 중심이 되었다. 소재를 주로 일상에서 가져오는 수필도 일상의 예찬이다. 수필은 일상과는 뗄레야 뗄 수 없는 관계를 맺고 있다.

수필은 산문 문장으로 쓰여진다. 운문에서 산문으로 이행하고 발전하는 과정을 보면 시민사회가 되면서 대중이라는 존재가 나타나는 것과 궤를 같이 한다. 수필은 일반 대중들이 수용함으로 태어난 문학 장르라는 뜻이다. 그만큼 수필은 대중사회이고, 민주사회인 오늘에 적절한 문학 장르이다. 대중들의 일상적인 삶이 수필의 적절한 소재가 될 수 있는 조건이고 이유이다.

(시보다 산문은 읽고, 이해하기가 쉬우므로, 많은 대중이 참여하는 문학 장르가 되었다.)

서양 철학이 신과 진리를 찾으면서 수 천 년을 이어왔다.(서양인의 정신세계를 구성하는 것은 플라톤의 철학(이성과 진리)과 기독교(신)이다. 신과 진리에서 희망을 찾지 못하자 베르그송은 일상을 철학의 중심에 놓았다. 신의 자리에 인간을, 진리의 자리에 일상의 삶을 놓았다. 일상은 우리에게 더 할 수 없을 만큼 가치가 있다고 역설했다. 그 일상을 주로 다루는 수필이야말로 오늘의 문학에서 중심이 되어야 한다.

일상적인 것은 무의미한 반복이 아니라 철학의 중심에 놓일 만큼 의미로 충만해 있다. 일찍이 아리스토텔레스는 '일상적인 것에서 새로운 것을 발견해내는 것이 즐거움이다.' 라고 했다. 수필이 일상을 어떻게 다루어야 우리에게 즐거움을 줄까에 대한 대답이라고 하겠다.

나의 생활에서 의미가 없다고 생각한 어떤 일에 의미를 부여하여 그 일이 내 생활에서 중요한 역할을 한다고, 수필로 표현하면 아주 훌륭한 글이 된다
서양의 에세이는 일상에서 새로움보다는 신과 진리를 찾아 나서는 경향이 있다. 까뮈는 시지프스 신화에서, 시지프가 끊임없이 바위를 산 위로 밀어올리는 일을(일상) '신의 벌'이라는 것이 그때까지의 개념이었다. 이것을 까뮈는 반복하는 것

은 일상이고 삶이다. 즉 삶이야말로 신의 축복이라고 해석하였다.

　신이나 철학을 찾던 시대에는 엘리트 지식층만이 참여했다. 적어도 라전어르를 읽고, 쓸 줄 아는, 우리나라로 치면 한문을 읽고, 쓸 줄 아는 특수 계층(선비라고 했다.)이 글쓰기에 참여했다. 이때는 서양이나, 우리나라나, 시가 문학의 주류였다. 시는 짧은 글이기에 짧은 글에 자기의 생각을 담아내려니, 상징으로 표현하고, 학자의 말을 인용하고, 글쓰기에는 수준높은 지적 요소가 중요한 역할을 했다. 그러나 사유의 세계가 신이나 철학에서 인간사(일상)로 바뀌니, 엘리트 지식인이 아닌 일반인도, 어려운 말로 쓰지 않고, 길게 풀어서 쓰는 산문으로 표현했다. 수필이 딱 들어맞는 장르가 되었다.
　따라서 수필은 일상을 소재로, 쉬운 말로, 풀어서 쓰는 양식이 기본이니 만큼, 누구나 글쓰기에 참여할 수 있는 열린 공간이다. 수필은 누구나 참여할 수 있는 문학장르이다. 나의 일상을 다루는 글쓰기이다.

수필에서 자아 정체성을 어떻게 표현할까

차주환은 수필에 대한 정의를 내리면서 '수필은 산문문학의 한 유형으로 생활과 관련되는 모든 사물을 소재로 하며, 자아(ego)의 표출을 기본으로 한다. ······.'라고 했다. 그렇다면 수필쓰기에서 자아(나의 본 모습)는 핵심이 되는 요소이다. 자아에 대해서 알아보기로 하자.

수필은 자기를 표현하는 글이다, 라고 하였다

수필에서 '나는 누구(자아)인가?' 라는 정체성이 중요한 화두가 된다. 수필의 정의에서 '자아의 표출'이라는 말이 있는 만큼 '자아'를 찾아가는 것이 수필의 본성이 되어 있다. 스스로에게 이런 질문을 던진다. '자아의 진정한 본성은 무엇인가?' 즉 나는 누구인가와 같은 말이다. 그렇다면 우리는 우선 '자아'란 무엇인가? 에 대하여 대답을 찾아보아야 한다.

자아(ego)는 외부와 접촉하였을 때 나의 생각, 나의 감정을 가지고 행동하는 '나'를 말한다. 일상을 살고 있는 바로 나 자신을 말하는 것이기도 하다. 일상생활을 하면서 내가 나타내는 생각이나 행동 반응이 바로 '자아'에서 나온다고 보면 어느 정도 이해가 될 것이다. 우리가 어떤 대상과 부딪쳤을 때 나타내는 반응은 사람마다 다르다. 그 다름, 즉 나만의 개성적인 생각이나 행동 반응을 보이는 내가 바로 나의 자아이다. 자아 정체성이다.

　일반적으로 '자아'라고 말할 때는 정신분석학에서 말하는 자아를 수필에서 다룬다. 우리는 태어나서 성장하면서 끊임없이 주변과 마주치면서 경험을 쌓아가고, 경험이 쌓이는 만큼 '나 자신'이라는 존재도 형성되어 간다. 그러면서 우리의 심신은 성장하고 변화한다. 성장과 변신을 겪으면서, 나는 다른 사람과 차이가 나는, 개성을 가진 '나' 라는 인간으로 성장한다. 이때 '나'라는 인간으로 인식되는 사람이 '자아'이다. 개성을 가졌다고 의식하는 자기를 자아라고 한다.
　그렇지만 자아는 의식(머리로 생각하는)함으로 찾아지는 '나'가 아니고, 어디까지나 심리적으로 정해진 '나'이다. 자아(에고)는 의식과는 다른 것으로, 어디까지나 마음의 기능이나 구조로부터 정의된 개념이다. 한국어에서 일반적으로는 자아는「나」라는 말과 동의어로 생각하기 쉬우나, 그것은 일상어로 사용힐 때는 맞는 말이다. 심층심리에서 말하는 나, '진짜 나'라는 개념에서는 아닌 수가 많다. 수필이론에서 흔히 말하는 내면(內面)이라는 말과 거의 동의어이다.

  수필쓰기에서 '자아'라는 말은 일상생활에서 말하는 '나'가 아니고, 심리적으로 말하는 '나'를 뜻한다(내면). 이때의 자아는 자신의 '무의식'과 연결되어 있다고 말한다.

  덧붙여서「의식하는 나」라는 개념은, 정신분석학에서는「자기 혹은 자기 이미지」로서 '나'이다. '자아'와는 명확하게 구별되고 있다. 한국어에서 자아라는 말은, 일반적으로는「나」와 동의어로 생각하지만 그것은 일상어의 범위에서 사용하는 경우에만 들어맞는다. 것을 다시 강조하겠다. 의식하는 '나'는 이미지이기 때문에 진짜 '나'가 아니다. 불교에서는 눈에 보이는 것(色)은 이미지이기 때문에 거짓이라고 한다. 환(幻)이라고 한다. 자아는 눈에 보이는 '나'의 너머에 있는 나이다 수필쓰기에서 '나'란 이미지로서, 즉 환상(幻想)으로서 나가 아니고 진짜 '나'를 말한다. 이것이 자아이다. 일반적으로 자아를 '불변'하는 '나'라고도 말하지만…, 너무 불교 철학적으로 생각하면 '나'란 환상이기 때문에, 수필에서 자아를 나타낼 수가 없다. 수필에서는 심층심리학에서 말하는 '나', 즉 무의식의 지배를 받는 '나'까지만을 말한다.

(어려운 내용이고, 수필쓰기에 이처럼 어려운 것까지는 몰라도 글을 쓸 수 있다.)

그렇다면 자아를 찾아가기 전에, 자아가 어떻게 형성되는가를 심층심리학의 입장에서 공부할 필요가 있다. 왜냐면 수필에서 '자아'란 이것을 말한다고 하니 수필공부를 위해서라면 이것까지만 공부를 해두면 도움이 된다.

'나'라는 존재, 정체성을 가진 '나'라는 존재 즉 자아란 어떻게 형성되는가를 알아보자. 우리가 갓 태어났을 때는 내 멋대로 해도 괜찮다. 그래서 우리는 본능이 즉 욕구와 욕망이 시키는데로 행동한다. 배가 고프면 엄마(타자)야 바쁘든, 아프든 울고불고 야단을 하여 나의 욕구(본능)를 채우려 한다. 성장하면서 본능대로 생활해서는 내가 사회에서 살아갈 수 없다는 것을 배운다. 공동체 가치를 받아들인다(도덕,관습, 법률을 말한다.). 그래서 공동체 정체성이 생긴다. 어릴 때처럼 본능이 시키는데로 행동하면 공동체의 다른 사람이 즉 타인이 나를 나쁜 사람으로 본다는 것을 알게 된다. 그래서 그 사람들이 나를 나쁜 사람으로 보지 않도록 행동하려고 한다. 왜냐면 그 사람들에게 나쁜 사람으로 보이게 되면 내가 사회에서 살아가는데 많은 불이익이 온다는 것을 알기 때문이다. 우리가 삶을 꾸리면서 '타자 즉 타자의 시선이나 위치 관계 속에서 존재한다.'라는 딜타이의 말은 이런 뜻이다.

정체성을 가진 '나' 즉 '자아'가 형성된다. 그리고 보니 자아란, 정체성을 가진 나라고 하는, 그 정체성은 본능(요구와 욕망)과 공동체 가치에 순응이라는 양 극단 사이에서 긴장하면서 존재하고 있다. 왜냐면 틈만 나면 욕구대로 행동하려고 눈치를 보면서, 겉으로는 공동체 가치에 순응도 해야함으로 나를 욕구대로 행동하지 않는 사람인 듯이 가장하고 있는 것이 나라고 하였다. 두 가치 사이에 줄다리기를 하면서 살아가고 있는 것이 진짜 '나'인 '자아'라고 하였다.

일부 학자들은 '진정한 자아'란 자발적이고, 자유로운 존재로서의 개인 이라고 생각한다. 만약에 당신의 생각은 어떻습니까, 라고 물은 때 나의 상사, 나와 가까운 사람, 내가 소속된 집단의 눈치를 보고 말한다면 진정한 자아가 아니다. 왜냐면 자유로운 존재로서 결정을 한 것이 아니기 때문이다. 따라서 진정한 자아란 '내적 자아'라는 믿음을 가졌을 때이다. 내적 자아란 나의 밖에서 나에게 눈치를 보도록 하고, 영향력을 행사하는 모든 것을 배제하고, 순수하게 남아있는 나의 내면에서 판단을 내린다. 나를 속박하는 모든 것을 벗어버린 자유로운 나 자신이라고 말했다. 내가 속한 문화권에서 살고 있는 한에서는 사실은 그런 나를 표현한다는 것은 불가능이다. 수필에서 그렇게 글을 쓰는 사람이 없다는 뜻이다.

우리는 수필을 읽으면서 흔히 인간답다 라는 평을 한다. 다시 이것을 우리가 말하는 '인간답다'라는 말의 뜻으로 풀어 보자, 우리는 언제 '인간답다'라는 말을 사용할까? 내가 무척 가지고 싶은 것을 다른 사람도 가지고 싶어 한다. 나는 본심을 숨기고(가지고 싶다는) 그것을 양보했을 때와, 내가 가지고 싶다는 욕구를 숨기지 않고 그것을 가지려고 할 때를 비교해 보자. 양보는 미덕이지만 인간답다고 하지는 않는다. 마음씨 좋은, 점잖은, 또는 도덕적인 인간이라고 한다. 욕구대로 가지려고 할 때를 '인간답다' 라고 말한다. '인간답다' 라는 말에는 자신의 욕망을 숨기지 않는다는 뜻이 내포되어 있다. 도덕적 인간이라고 하지 않고 욕심이 많은 인간, 또는 개성이 강한 인간이라고 한다.

자아는 '인간답다' 속에 담겨 있는 수가 많다. 그러나 '인간답다'에는 공동체 정체성과는 대립이 되는 수가 많다. 타인으로부터 비난을 받을 소지가 다분히 있다. 이 때문에 자기 자신을 솔직하게 드러내지 못하는 것이 사람이다. 그런데도 수필이론에서는 '자아를 표출학고…'라고 하였다.

"우리는 시간 속에, 또 집단이라는 공동체 속에서 존재한다. 시간의 밖에서, 공동체의 밖에서는 우리의 존재를 말할 수 없다. 그렇다면 '인간답다'만으로 자기의 존재를 표현해 낼 수 있을까" 집단 자아도 있다. 나의 자아에는 공동체와 공유하는 정체성도 있기 마련이므로,, 즉 집단자아도 있기 때문에 자아 정체성만으로는 자신을 수필에서 표현하기 어렵다. 자아가 공동체 정체성과 결합되어 있는 자아는 수필에서 표현이 가능하다. 이 말은 나를 표현하되 집단의 가치와 공통분모를 가진 나를 표현할 할 때는 비난을 받지 않기 때문이다.

1980-90년 대에는 개인 정체성이 아닌 '집단 자아', '집단 정체성'이 유행했다. '집단에 소속된 나'라는 뜻이다. 그렇다고 하여 집단 속에 '개인의 자아'를 묻어 버린다면 예술이라고 할 수 있을까? 내가 누구인가를 좀 더 쉽게 알아보자. 이제 내가 누구인가를 알기 위한 구체적인 질문을 던져 보자.

1. 세계가 당신을 어떻게 보느냐?
2. 당신이 다른 이들을 어떻게 보느냐?
3. 당신이 당신을 어떻게 보느냐?

이 세 질문에 대한 답을 찾아보자. 먼저 '세계는 나를 둘러싼 사회와 문화 환경을 말하며, 공동체 가치이다. 그 세계가 당신을 어떻게 보느냐'에서 답을 찾다보면 개인적인 차원은 물론이고 보다 넓은 문화적 차원에서 정체성의 특질을 찾을 수 있을 것이다. 우리가 현재에 한국에 살고 있다면 한국 사회가 가지고 있는 여러 가치관이 내 안에 들어와 있다. 나도 모르게 그 가치관으로 세상을 바라보고 판단한다.

  더 냉정한 눈으로 보면 같은 집단에 소속되어 있더라도 개개인이 다른 모습으로 나타난다. 이것을 개인 간의 '차이'라고 한다. 나를 둘러싼 사회와 문화의 가치가 어떠한 것인가,를 생각하고, 그 속에서도 나만이 갖고 있는 개성을 찾아보아야 한다. 나는 한국 사람으로서, 한국인이라는 사람들의 속성에서 나의 정체성을 찾을 수 있다. 그러나 한국사람 모두가 같은 생각을 하고, 같은 방식으로 사는 것은 아니다. 다양한 차이가 있다. 그래서 한국인의 속성 뿐 아니라 한국인이면서도 나만의 특질을 찾아보아야 한다.

  요약하면, 사회의 가치에 순응함으로 사회가 나를 욕하지 않고, 나의 주변 사람도 나를 욕하지 않고, 내가 나 자신을 나쁘다고 하지 않는 자로서 '나'이다. 내가 이런 존재라면 내가 만족하는 '나'일까. 수필에서 이런 존재로서 '나'를 표현하면 '인간답다.'라는 말을 들을 수 있을까.

  일반적으로 글쓰기에서 겪어는 세계(나를 둘러싸고 있는 사회와 문화 환경)와 내가 조화를 함으로 해결을 추구한다. 세계란 내가 살고 있는 지역의 문화적 공간이다. 다른 사람과 차이가 나는 다양성이 자아의 특질인데 타자와 해결을 찾아 나선다는 것은 개성이 있는 한 개인을 표현한다는 것과는 논리적으로 모순이다. 결국 나는 공동체에 소속되어서도 다양성과 차이 속에서 존재하는 개인이다. 이것이 나의 자아이다. 수필에서 이것을 써야 한다.

지금까지 써온 우리의 수필은 타자와 조화 또는 해결을 한다는 이유로 개성 있는 자아를 세계의 가치 속에 묻어버리는 것으로 결어를 만들었다(수필을 교시성 문학이라고 하면서). 자아는 없어지고, 세계의 가치만 내세우면서 조화라고 한다. 그리고는 수필을 교시성이 강한 문학이라고 설명했다. 새로운 수필쓰기는 세계 속에 매몰되어 있는 자아를 채굴하여 타인과 개성과 나의 차이를 드러내는 작업이라고 생각한다.

초등학교 학생이 쓴 동시 '엄마'를 읽어보면서 공동체 자아라는 것이 어떤 것일까를 생각해 보자. 우리는 이런 글을 잘 쓴 글이라고 한다. 아래의 글도 공모전에 입선한 글이니 잘 쓴 글이라고 평가받은 것이 아닌가

화장품 냄새 솔솔 풍기는
향기로운 엄마

무엇이든지 척척 도와주셔서
고마운 엄마

바른 길을 가라고 회초리로 찰싹 때리는
사랑하는 엄마

엄마라는 말을 부르면
목이 메입니다.

사랑합니다. 라는 말은
떨려서 못합니다.

 우리 사회는 어머니를 사랑하라고 가르친다. 알게 모르게, 이것은 공동체 자아가 되어서 우리 안에 들어와 있다. 세계는 이 아이를 나쁜 아이라고 하지 않을 것이다. 그렇다면 이 아이의 자아는 어디에 있을까? 공동체 자아 속에 매몰되어 있는 것은 아닐까? 공동체의 가치를 던져버리고 아이가 자신의 속 마음으로 생각하는 엄마를 그렸다면 이렇게 쓸까? 이렇게 쓸 수도 있겠지만, 자기의 속 마음을 드러내는 다른 글도 쓸 수 있을 것이다. 우리도 수필을 이 아이가 쓴 동시처럼 쓰고 있지 않을까. 그리고는 잘 쓴 글이라는 평가를 하지 않을까.

어린이의 경우는 세계의 가치 속에 자아를 묻어버린 이런 글을 잘 쓴 글로 칭찬을 하면, 그 아이는 평생 동안 이런 류의 글쓰기에서 벗어나기 어렵다.

'당신이라면 어머니를 어떻게 바라 보느냐?'는 세계를 바라 보는 나의 시선이다. 한국 사람이라면 어머니는 효의 대상이다. 이것은 한국 사람이 갖고 있는 공동체 자아이다. 우리는 한국 사람이라는 공동체 정체성을 지닌다고 하더라고, 같은 생각을 하는 것은 아니다. 이것은 나의 개성이 된다. 왜냐면 사람이란 자기 나름으로 생각을 하기 때문에 한 사람, 한 사람을 보면 서로 간에 차이가 나기 때문이다. 수필쓰기는 세계의 가치에 나를 맞추는 것보다 내가 세계를 어떻게 바라보는가가 더 중요하다.

'당신이 당신을 어떻게 보느냐?'는 자기 성찰이다. 다른 사람과 차이가 있는 내가 반드시 옳다고 할 수는 없다. 수필쓰기는 나를 냉정하게 바라보는 자기 성찰이 된다. 앞에서 말한 '인간답다'는 자신의 욕망이 표현되는 개성이다. 수필에서 개성이 있는 표현을 요구하지만 욕망이 개입되면 반드시 옳다고 말할 수는 없다.
이런 이유로 세 개의 시선은 서로 충돌할 소지가 많다. 내가 누구인지를 알기 위해서 서로 충돌할 수 있는 시선을 가지고 바라보게 된다면 답을 찾을 수가 없을 것이다. 그런 중에서도 답을 찾으려는 것이 수필쓰기 이다. 세 개의 시선이 조화를 이루어서 긍정적인 자아가 형성되면 건전한 자아가 된다. 그래서 수필쓰기는 인내와 고통이 따른다고 한다.

 초등학생이 쓴 동시처럼 글을 쓴다면 공동체 가치에는 충실하지만, 나 즉 자아는 공동체 자아에 묻혀서 보이지 않는다. 그렇다고 하여 진정한 자아라면서 나의 욕망을 솔직하게 드러내면 공동체 사회로부터 박수보다는 비난을 받는다. 어디까지가 나인가,를 찾기 위한 성찰이 있어야 한다. 세 개의 시선이 충돌하기보다는 조화하는 지점에서 나를 찾아야 하는 이유이다.

 우리 사회는 엄마에게 효도하라고 가르치니, 엄마라고 하면 목이 메일 정도라면, 사회가 요구하는 아주아주 착한 아이가 분명하다. 그러나 인간의 삶이란 나의 주변 사람과 끊임없이 감정적으로 부딪히면서 살고 있다. 가장 가까이에 있는 엄마와도 아주 많이 부딪힌다. 이 부딪힘 속에 나의 자아가 있다. 이 부딪힘을 통해 내가 누구인가를 알아내고(자아를), 성찰을 통한 자기 수양을 한다.)

(**지금 올리는 글은 수필쓰기를 막 시작하는 초보자들이 읽으라는 글이기보다는, 우리 수문대 역사가 20년을 넘었으니, 중견 수필가로 성장한 작가님을 대상으로 쓴 글입니다..)

은유와 환유의 방법으로 나를 찾아가 보자

 이번 글, 한 꼭지는, 앞의 글 '나를 알자'에서, '내 몸과 대화를 나누자'라고 한 말의 설명이 있어야 겠다 싶어서 글을 썼습니다. 내용이 어렵습니다. 그러나 이런 것을 알아두면, 우리의 지적 영역이 넓어집니다. 이런데서 지적 호기심이 발동하기도 합니다.

 은유와 환유는 문학적 글쓰기에서 가장 기본이 되는 글쓰기 기법이다. 더구나 시 문학에서는 바탕 중의 바탕이다. 수필도 산문 중에서는 시 문학과는 촌수가 가까우므로 은유와 환유의 기법을 많이 사용하는 편이다. 은유 또는 환유적 문장은 고급스러워 보인다. 작가도 지적 수준이 높은 사람으로 보이기 때문이다.

문학 이론에서 은유와 환유는 상당히 어렵다. 시를 쓰는 사람이 은유와 환유를 필수로 공부한다. 어렵더라도 기초 공부라 생각하고 공부한다.

수필을 쓰는 사람은 조금만 어려운 문학 이론을 들고 나오면, '아이구 어려워요. 우리는 그런 어려운 이론까지 공부하려는 것이 아닙니다.'라고 한다. 그냥 가볍게 수필이나 쓰려고 합니다. 라는 반응이다. 나는 수필을 쓰시는 분들의 이런 반응을 이상하게 생각한다. 왜 시를 공부하는 분은 어렵더라도 배우려고 하는데, 수필을 쓰시는 분은 우리는 이런 어려운 것까지는 필요없어요. 이론을 몰라도 글쓰기를 할 수 있어요, 하면서 공부를 하지 않으려고 할까. 그 말 속에는 자기 비하의 목소리가 들어있다는 생각이다. 시도 아닌 수필따위를 쓰면서……, 하는 스스로를 낮추는 생각이 들어있는 것이 아닐까.

일반인들이 문학교실을 기웃거리면서 시 공부를 할까, 수필 공부를 할까를 정할 때 수준이 낮아서 수필공부를 선택하고, 또 어떤 이는 수준이 높아서 시 공부를 선택하는 것이 아니다. 선택은 오로지 그 사람의 취향이다. 그런데 '수필이나 쓰면서'라는 지기 비하적 생각은 하지 않았으면 좋겠다. 서양의 경우를 보면, 수필은 '에세이'라고 하여 거의 논문 수준의 글이다.

내가 수필쓰는 사람이라서인가. 자기비하적 말에 공연히 언짢아서 서문을 길게 썼다.

수필은 작가가 경험한 사실을 언어로 바꾸어서 보여주기를 하는 것이다. 눈 앞에 펼쳐진(또는 생각해낸) 실제의 현상을 수필이라는 형식의 언어로 바꾸는 순간에 현상은 언어 속으로 들어가버리고, 실제의 현상은 사라져버린다.

　우리는 글을 읽으므로(독서행위) 현실을 만나기는 하지만 실제 그대로가 아니다. 작가가 언어로 표현한 사실만을 만난다. 독서를 하는 순간 독자는 현실을 보는 것이 아니라 작가가 글을 통하여 표현한 사실(사실은 작가의 이미지이다.)을 만난다. 작가가 글을 쓸 때는 현상을 보고, 자기의 마음에 맺혀지는 모습을 글로 표현한다. 마음에 맺혀지는 모습이 바로 이미지(心象)이다.

　설명을 하자면, 수필 글은 작가가 채험한 사실을 사진처럼 그대로 옮겨오는 것이 아니고, 자기의 마음에 맺혀지는 것(이미지라고 한다-이 말은 우리가 어떤 사물을 보았을 때, 사물의 느낌으로 생각을 하게 된다. 생각이 나타나는 모습이라고 할까. 마음에 일어나는 모습이 이미지 이다. 수필은 사실이 아닌 작가의 이미지를 옮겨온다. 이 글을 읽는 독자 또한 글을 읽고 자기의 마음에 맺혀지는 이미지만을 기억(보존)한다. 따라서 작가와 같은 것을 느끼고, 기억하는 것이 아니다. 즉 수필이라는 글로 쓰여지는 순간에 실제의 현상은 죽어버린다. 언어는 상징체계이다. 언어는 실제의 모습을 보여주는 것이 아니고 상징으로 드러낸다고 한다. 언어라는 상징이 대신한다. 꽃을 보고 꽃이라고 말(글)하는 순간에 실제의 꽃은 사라지고, 꽃의 이미지만 (글에) 남는다는 것이다.

지금부터는 수필의 기본 바탕이 되는 언어 공부를 해보겠습니다. 조금 어려워지겠습니다.

'언어는 기호이다.' 라고 한다.
'의자'라고 소리를 내면(말) 들은 사람은 (글이라면 읽은 사람은) 의자를 머릿속에 떠올린다. 머릿속에 떠오르는 의자는 내가 반드시 기억하고 있어야 한다. 내가 과거에 경험하였던(보았던) 의자만을 기억한다. 기억은 머릿속에 보존하는 것이다. 보지 않았던(경험하지 않았던) 의자는 절대로, 절대로 나에게 떠오르지 않는다. 보지 않았던 의자가 기억으로 보존될 리가 없기 때문이다.

의자라는 말과, 말을 듣고 의자를 기억해 낼 때, 말과 기억(의자의 기억)을 조합하여 연결하는 것을 '기호형식'이라고 말한다. 즉 기호형식이란 기표(표시로서, 여기서는 의자라는 말이 되겠다.)와 기의(의자라는 말을 듣고, 실제의 의자를 기억할 때, 즉 내용이다. 실제의 의자는 의자라는 말의 의미(내용)

를 조합하여, 내가 떠올리는 것이다. 의바라는 말과, 그 말로 내가 의자를 생각으로 떠올리는 이것을 '기호형식'이라고 하였다.

　예를 더 들어보면, 신호등에서 파란불이 켜지면 사람들은 길을 건너 간다. 이때 파란불은 기표이고, 파란불의 뜻은 '가시오'이다. '가시오'가 기의가 된다. 기표/기의 = 파란불/가시오의 뜻이 된다. 이처럼 언어와 실제의 사물과 조합하는 기능을 '기호형식'이라고 하였다. 줄여서 그냥 '기호'라고 말한다,

　미술에 그림으로 그린 의자, 실제의 의자, 의자를 사전에서 설명한 내용을 그대로 가져와서 조합한 것을 사진으로 찍은 작품이 있다. 조셉 코수스의 '의자'라는 작품이다. 기호의 의미를 새기게 해주는 작품이다. 미술에서는 아주 중요한 작품으로 꼽는다

(*** 이 작품에 의하면 세 개가 모두 의자를 나타내는 기호형식(기표)이지만, 같다고 할 수 있을까요. 아니면 틀린다고 해야 할까요. 머리가 녹 쓸었으면 녹을 벗겨 봅시다. 이 그림은 아주 중요한 그림입니다.)

　셋 모두 의자를 나타내는 기호인데, 어떤 방법으로 나타내는 것일까요.

이제는 은유와 환유에 대해서 공부하기로 합시다.

우리가 은유와 환유를 공부하자는 이유는 인간의 내면을 나타내는 방법이 은유 그리고 환유와 유사해서 참고로 공부하려는 것입니다. 앞에서 우리가 공부하였듯이 사실을 사실 그대로 나타내는 방법이 없으므로, 은유와 환유라는 방법으로 나타내자는 것이다. 그러나 문학한다면서 시인이 아니고 '문' 자만을 말하려 해도 은유와 환유는 알아야 합니다. 간략하나마 짚어보기로 하자.

문학적 글쓰기에서는 의미가 모호한 문장을 선호하는 경향이 있다.(흔히 낯설게 하기라고 한다.) 앞에서 기호형식을 공부하면서 언어가 의미를 갖는 모든 형식을 '기호형식'이라 한다고 했다. 은유와 환유도 기호형식의 하나이다.

언어로 표현할 때 다른 것과 비교함으로 그 뜻을 드러내는 것이 비유법이다. 비유법은 직유법, 은유법, 환유법의 세 가지가 있다.

직유법은 말 그대로 직접 비유하는 형식이다 '～처럼'이라고 하는 것이 기본이다. '영희는 꽃처럼 예쁘다.'라고 할 때, 영희와 꽃을 직접 비유하였다.

은유법은 직유법에서 '～처럼'이란 말을 빼버린 것이라고 이해하면 좋다. 영희는 꽃처럼 예쁘다에서 '～처럼을 빼버리면 '

영희는 꽃이다.' 이다. 영희는 사람이고, 꽃은 식물인데 어떻게 영희가 꽃이란 말인가. 논리적으로는 설명이 안된다. 그러나 영희도 예쁘고, 꽃도 예쁘므로 예쁘다는 속성이 같다. 예쁘다는 속성이 비슷함으로 '유사성'에 의한다고 한다. 문학은 이런 방법으로 표현한다.

환유는 속성이 유사하기보다는 의미가 바로 인접해 있음으로 인접성에 의한다고 한다.. 일반적으로 우리가 알고 있는 상식으로 비유하는 것을 말한다. 모차르트는 작곡가라는 것을 우리는 상식적으로 안다. '모차르트를 연주한다.'라고 할 때, 모차르트가 작곡가임을 앎으로, 우리는 모차르트 곡을 연주한다는 것을 안다. 모차르트와 작곡은 속성이 아니고 인접해 있다고 한다. 환유를 좀 더 설명하자면(은유와 헷갈리므로 환유를 알면 은유도 이해하기 쉽다.) 막걸리는 사발로 마시고 사이다나 콜라는 컵으로 마신다.(상식적으로 안다.) 일꾼이 땀을 훔치면서 '한 사발 마셨다'라고 하면 콜라가 아니고 막걸리를 마셨음을 안다.

다시 말하지만, 나를 알기 위한 공부를 하면서, 은유와 환유를 공부하는 이유는 우리가 나를 표현할 때도 은유와 환유의 방법으로 표현한다, 더 어렵게 공부한 것을 불러와 보면, 우리의 눈에 보이는 모든 것이 진짜가 아니고 환이라고 하였으나, 직접 표현하는 것은 거짓을 표현하는 것이다. 그래서 은유와 환유의 방법으로 표현한다. 나를 표현하는 것도 나도 나를 모른다고 함으로 은유와 환유로 표현하는 것이다. 어렵지요. 하여간에 그렇다고 합니다.

이제는 이 글의 본래 의도대로 나 자신을 아는 방법을 찾아보자.
앞에서 나를 알기 위해서는 내 몸과도 대화를 나누자고 하였다.

우리 몸이 행동하기까지의 과정을 보자.
나는 외부의 자극을 감각기관을 통하여 지각한다. 지각된 자극을 해소하기 위해서 행동(운동)한다. 이것은 정상적인 과정이다. 자극과 행동 사이의 기간에 나의 심리가 작동한다. 심리작동을 하여 자극이 행동으로 표현하는 방법이 은유와 환유의 과정을 거친 결과라고 하였다. 은유의 과정을 거치는 방법으로 표현한 경우가 많다. 은유는 유사성은 있으나 논리적으로 설명하기 어려운 점이 있다.(앞에서 공부했다.) 나의 행동도 바로 그런 과정을 거쳤다.
자극이 행동으로 나타나기까지의 중간 과정이 나를 나 이도록(나의 정체성) 하는 심리과정이다. 내가 행동을 하면 먼저 심리가 움직였다고 한다. 나의 인생사에서 중요한 여러 요소들이 나의 심리작용이 관여하여 행동으로 나타나개 한 것이다. 그렇다면 나의 마음만이 아니고 몸도 나의 자아를 나타내는데 중요한 역할을 한다. 나를 표현하기 위해서는 마음만이 아니고 몸과도 대화를 하자는 이유이다.

　우리를 행동하도록 하는 것은 마음이다. 마음이 먼저 움직여야 몸이 움직인다. 몸을 움직이게 하는 마음의 힘을 프로이트는 리비도 라고 한다. 마음의 힘, 정신의 힘이라고 해야 할까.
　이럴 경우, 우리는 나의 마음을 알기 위해서 몸의 행동을 관찰하는데서 출발하여 마음을 찾아가는 방법을 이용한다. 그렇게 함으로 마음의 힘, 정신의 힘(리비도라고 하는 것)을 찾을 수가 있다. 리비도를 알아내는 것이 나를 찾아가는 길이고, 방법이 된다. 수필쓰기에서 나를 쓸려면 이런 과정이 있다는 것을 말씀드린다

　어렵지요. 이런 것을 이해하고 나면 나의 지적 수준이 한 단계 성숙해졌음을 느낍니다.

수필쓰기에서 나를 표현하는 시제와 인칭은

　수필의 모든 문장에는 말을 하는 화자가 있고, 행위가 일어나는 시간이 포함되어 있다. 따라서 말하는 사람을 따질 때는 일인칭이냐, 삼인칭이냐를 따지고, 시제를 따질 때는 시간을 지시하는 요소로서, 문법에서는 행위가 일어난 시간과 일치할 것을 요구한다. 문법적으로 보아서도 시간의 기준점은 화자가 말을 하는 시점과 사건이 일어나는 시점의 두 가지가 있다. 화자가 어디에 기준을 맞추느냐에 따라서 동일한 사건을 말할 때도 시제가 달라진다.
　그러나 한국어에서는 시간 요소가 문법적이기보다는 문장의 의미와 관련이 있는 수가 많다. 굳이 말하자면 한국어로 문학적 표현을 할 때는 반드시 시간과 일치하는 시제를 사용하여야 하는 것은 아니다. 과거에 일어난 사건이라도 문학적으로 의미를 강조하기 위해서는 현재형으로 써도 괜찮다는 것이다. 행위가 일어난 시간 자체가 아니고 작품 전체를 관통하는 맥락의 차원에서 시제를 정하는 수가 많다.

　우리가 학교에서 영어를 배우면서 영어의 시제에 자주 혼란을 일으키는 이유가 바로 한국어는 시제가 엄격하지 않기 때문이다. 한국 언어로 살아온 우리로서는 시제가 엄격한 영어가 낯설기 마련이다. 우리 언어에 너무 엄격하게 시제를 적용하면 오히려 부자연스러울 때가 많다. 우리는 영어 공부를 하기 전까지는 시제에 관심을 가지고 배운 일이 없다. 국어라는 세계에서 살다가 영어의 세계로 들어가면서 시제를 만나니, 시제가 낯설 수밖에 없다. 혼란스럽기도 하다. 그러다가 우리 글에서 오히려 미국식 시제를 가져와서 시제가 맞느냐, 아니냐를 따지는 경우가 자주 일어난다.

　문제는, 수필공부를 할 때 종종 시제가 논란이 되는 수가 많다. 시간을 영어식으로 따지면, 우리 글의 문장 자체가 틀리게 된다. 그래서 수필 공부방에서 옳으니, 틀리니 하는 논쟁이 심심찮게 일어난다.

　수필 공부를 하면서 시제도 생각해보자. 일반적으로 수필은 거의 대부분이 과거에 일어난 일을 회상 형식으로 쓰기 때문에 시간 논리로 따진다면 과거형 문장이 90%가 넘어야 한다. 그러나 대부분의 수필문장을 분석해 보면 과거와 현제를 수시로 넘나드는 형태이다. 우리 수필문장은 시제의 혼용이 일반화하였다고 보아도 무방하다. 왜냐하면 문학에서 시제는 예술적 효과를 높이기 위해서 결정한다. 작가가 자신의 시간의식과 미의식을 결합함으로 효과를 높이려는 수사적 문제라고 생각한다. 시제라고 하여 엄격하게 시간만을 따지지 않는다는 것이다. 수필쓰기에서 시제 표현을 정하는 것은 문법적 요소를 넘어 선 문학적 기교로 본다. 수필에서 과거에 경험하였던 사실을 더 생동감이 있고, 현장의 분위기를 피부로 느끼게 하기 위해서 과거형 문장이 아니고 현재형 문장으로 나타내는 것은 '서사의 전략적 선택'일 뿐이다.

내가 초등학교 저학년 때 캄캄한 밤에 심부름을 간 일이 있다. 골목을 돌아서면 밭과 흙담만 이어진 한적한 곳이다. 그곳에는 빨치산이 되어 산으로 간 마을 청년이 밤에 마을로 내려왔다가 경찰의 총에 맞아 죽었다는 곳이었다. 굿도 했다는 곳이다. 심부름을 하려면 그곳을 지나야 했다. 지금도 그때를 생각하면 지난밤에 일어난 일처럼 기억이 생생하다 가슴이 콩닥거리면서 빠르게 걷는데 내 뒤에서 뚜벅 뚜벅하는 소리가 자꾸 따라왔다. 소름이 끼쳐서 나는 '걸음아 날 살려라'라 하고 내달렸다. 이것을 수필문장으로 표현하면서 과거에 일어난 일이라고 또박또박 과거형으로 쓰는 것과 발 빠르게 현재형 문장으로 쓴다면, 어느 것이 더 긴장감이 느껴질까. '뚜벅 뚜벅하는 소리가 내 귀에 들렸었다. 소름이 끼쳤다. 걸음아 날 살려라 하고 달려었다.'라는 문장과 '뚜벅 뚜벅하는 소리가 들린다. 소름이 돋는다. 나는 걸음아 날 살려라 하고 달렸다.'는 표현을 비교해보자. 현재형 시제가 긴장감을 일으키는데는 훨씬 더 효과적이다 어느 시제로 할 것인가의 결정은 문법적 차원이 아니고 수사적 차원에서 한다.

우리의 수필문장에서는 일반적으로 시제의 문법성을 엄격히 따지지 않는다.

언어가 있다는 것은 그 언어를 말하는 사람이 있다는 뜻이다. 수필도 마찬가지이다. 화자는 말하는 주체이고, 문법적으로 화자는 항상 일인칭이다. 전통적인 수필이론에 의하면 삼인칭은 될 수가 없다. 따라서 나는 '말한다'라고 해도 내가 나를 통해 '그'에게 말하는 것이다. 문학적 표현이라고 할까.

문학 표현을 서사라고 한다면 행위의 주체가 스토리를 이야기하는 형식으로 되어 있다. 이야기를 하는 화자는 서사형식에서 이야기로 말을 하는 주체이지, 서사를 구성하는 작중 인물은 아니다. 수필에서는 화자 즉 말하는 사람은 작가 자신이고, 작중 인물 중에서도 중심 인물(어려운 말로 초점화된 인물이라고 한다.)을 주인공이라고 말한다. 그러나 엄격하게 따진다면 말하는 화자(수필 작가)와 이야기 안에서 행위를 하는 사람(작중 인물)과 동일한 사람은 아니다.

  이야기를 말하는 형식을 보면 '나'에 대해서 말하는 방식도 있고,. 나가 아닌 '그'에 대해서 말하는 방식도 있다. '그'는 타인이면서도 이야기의 중심인물이 된 초점화 된 인물(이야기의 주인공)로 이야기를 전개하는데 아주 중요한 역할을 한다. '나'에 대해서 말할 때는 나의 자전적인 내용이 될 수밖에 없다. 그러나 '그'에 대해서 이야기할 때는 그의 자전적인 내용이 아니다. 삼인칭은 자전의 글쓰기가 아니기 때문이다.

  수필을 읽어보자.

  "2인실에서 바짝 밀착된 옆 환자가 신경 쓰인다. 애써 외면해도 숨소리까지 들린다. 가슴에 다닥다닥 단자를 붙이고 한 방울씩 떨어지는 수액에 목숨을 부지하던 그녀가 휠체어에 실려 나간다. 그의 등짝에 드리워진 짙은 그림자에 놀라 얼른 눈길을 거둔다. 수술은 성공적인데 그녀가 기운을 차리지 못하는 이유를 의사도 알 수 없단다. 한 번 찾아온 남편은 침대 발치에 앉아 오래도록 한마디도 건네지 않았다. 모로 누운 여자는 힘주어 눈을 감고 어금니를 깨물며 남자 쪽으로 시선을 주지 않았다. 그녀가 곡기를 끊은 이유는 남편에 대한 복수라는 말이 떠돌았다. 나는 그녀가 부디 시원하게 복수하기를 빌었다. 하지만 중환자실로 간 그녀는 다시 돌아오지 않는다.

잠을 숙제처럼 안고 이불을 머리까지 뒤집어쓴다. 찍고 차고 찍고 차고, 눈으로 뒤덮인 빙벽을 오르는 일은 진저리치는 두려움이다. 도처에 죽음의 틈새가 아가리를 벌리고 있다. 여차하면 크레바스에 몸뚱이가 빠질 판이다. 피켈은 좀처럼 박히지 않는다. 햇빛은 노루 꼬리만큼 비치는가 싶더니 이내 구름에 가려버린다. 하켄을 박을 때 튕겨 나가는 단단하고 푸르스름한 얼음 조각은 흉기처럼 번뜩인다. 손바닥과 아이젠 발톱에 전달되는 파동은 온몸이 감전된 듯 저릿저릿 아프다. 꿈에서 깨어나고도 까무룩 의식을 놓아버렸다. 잠도 불면도 송곳 끝이다.

잠은 오늘을 내일로 이어주는 건널목이다. 내일로 건너가지 못하고 멈춰버린 시간은 감각의 촉수만 날카롭게 일어선다. 눈을 감으면 심장의 박동이며 실핏줄에 피 도는 소리까지 들린다. 재깍거리는 시계의 초침은 숨통을 조여 오는 저승사자의 발소리 같다. 신과의 교감을 청해 보아도 응답이 없다.

이따금 구급차의 다급한 사이렌이 적막을 깨울 뿐 사위

는 고요하다. 조심스럽게 링거 대를 밀며 복도로 나왔다. 방마다 잠들지 못하는 기척이 새어 나온다. 어둠보다 정적이 더 끔찍할 때가 있어 밖은 기침 소리조차 위안이 된다. 여러 개의 링거 주머니를 쩔렁거리며 다가온 남자가 마주 앉는다. 얼굴이 흙빛이다.
"아줌마도 수술했어요?"
"……."
"나이가 얼마요?"
"……."
"한 육십 넘었습니까?"
"……."
"수술이 성공했다면 금방은 안 죽습니다. 최소한 오 년은 살아요. 지금 육십이라 치면 오 년 후에는 육십 다섯이니 그때는 뭐 죽는다고 쳐도 그다지 억울할 나이는 아니지요."
나를 위로하려는 말인 듯하나 불편하다. 남자의 말을 곧이곧대로 믿는다면 옆 병상의 그녀는 오 년 치 목숨을 남편에 대한 복수와 바꾼 것인가. 예순다섯이 넘으면 정말 죽음을 의연하게 받아들이는 일이 가능할까. 지나가는 사람의 불확실한 정보에도 예민해진다. 남자는 다시 링거 줄을 모아 쥐고 복도 끝을 향해 걷는다. 애써 가슴을 펴고 어깨를 젖히는 남자의 등에 어둠이 따라붙는다. 그가 애써 강조하던 말은 내심 자신에게 들려주고 싶은 말이 아닐까. 그도 얼마쯤의 절망을 숨기며 희망을 놓지 않으려고 안간힘 쓰는 거겠지. 남자의 발길은 조금 전 내가 다녀온 하느님의 거처로 향한다."

– 문혜란의 '병실의 밤' 중에서 일부

 문장은 현재형으로 되어 있다. 이야기 속의 행위는 모두 현제에 일어난 일이 아니다. 만약에 화자가 자신의 행위가 일어난 시점에서 쓴다면 현제 시점이 맞지만, 이미 지난 일을 이야기한다면 과거 시제가 옳다. 시제를 무시하고 쓴 글을 읽으면서도 우리는 불편함을 느끼지 않는다.

 이 수필도 언어로 표현된 것이므로 말하는 사람이 당연히 있다. 이 글은 수필 형식으로 화자는 작가이다. 지문과 대화체가 혼용된 문장으로서, 시제는 일반적으로 현제형으로 처리했다. 글의 내용이 상당히 절박한 분위기를 자아내므로 현제 시제를 사용한 것은 수사적이고, 책략적인 선택으로 나쁘지 않았다는 생각이다.
 그러나 화자는 자신을 이야기하는 것이 아니고 '그'를 이야기 한다. 한 사람은 중환자실로 끌려간 여자 환자 이야기다. 여자 환자는 아무 말도 하지 않았다. 화자 즉 작가는 자기가 보았던 사실을 기술함으로, 증언하는 형식을 취했다. 여자 환자에게 일어난 사건들은 다른 사람에게 증언하듯이 서술했다. 또 한 사람은 링거 주머니를 달고 복도에 나온 남자 환자이다. 이 사람도 '그'이다. 말하는 화자인 '나'는 '그'인 링거를 단 남자의 말을 듣기만 한다.

여기서 링거를 단 남자는 병실에 입원한 수많은 환자들 중에서 작가가 이야기 속의 인물로 선택한 사람이다. 말하자면 그 남자를 '초점화' 시켰다. 또 하나 눈 여겨 봐야 할 부분은 그 남자에 대한 이야기를 하는 동안에는 나의 이야기는 하지 않는다. 이때 링거를 단 남자인 '그'는 바로 '나'가 된다. 이때는 화자와 '그'가 모두 화자인 '나'인 것이다. '그'가 하는 말이 '나'의 말이기도 하다는 뜻이다. 따라서 여기는 '나는 말한다.'가 생략되고 바로 남자의 이야기를 전개한다. 그러면서 남자의 말이 끝나고 나서야 자신의 이야기를 한다.

이 수필에서는 지문 형식으로 서술한 '나를 위로하려는 말인 듯하나 불편하다.' 라는 말에서 남자의 말이 화자와 어떻게 결합하였는가를, 말하자면 그와 나가 어떻게 '나'로 나타나는가를 보여준다.

"남자는 다시 링거줄을 쥐고 …… 거처로 향한다."
작가가 남자의 모습을 우리에게 말해준다. 여기서 '나는 말한다.'가 앞 부분에 생략되었다고 본다. 또 남자가 어떻게, 어떻게 하였는가를 제 3자인 독자에게 전해준다는 점에서는 '나는 증언한다.'가 생략되어 있다. 이런 표현법은 남자의 행동을 우리에게 증언하듯이 들려준다. 이 이야기가 링거를 단 남자만의 이야기일까. '나'와 '그'는 모두 나이다. 라고 보면 화자는 처음부터 끝까지 일인칭 화법으로 자기의 이야기를 한 것이다.

또 하나는 화자가 자기를 표현하는 방법으로 '그'라는 삼인칭 인물을 내세워서 한 것이라면, 나와 그는 얼마나 같을까, 라는 문제와 만나게 된다. 화자는 링거를 단 남자의 행동과 말을 사진처럼 전해주었다고 믿는다. 그러나 정말 그럴까? 그가 보고 들은 것은 '그'의 외피이고, 자기가 받아들인 것이지 진정한 그는 아니다. 그러면서 화자가 '나'에 대해서 말할 때는 자신의 내면을 싣고 있다. 그렇다면 초점화된 인물과 나는 동일인이 될 수 있을까?

화자인 '나'는 나를 말하기 위해서 '그'의 특성 중에서 나에게 필요한 부분만을 차용해 왔을 뿐이지 '그'의 전부를 가져온 것이 아니다. 그의 전부를 알 수 없기 때문이다. 그렇다면 우리는 그의 행동, 그의 말을 어떻게 읽어야 할 것인가. 앞 서 말한 여성환자나, 링거를 단 남자는 모두 화자 즉 일인칭 인물의 분신일 뿐이다.

또 하나는 '나'를 표현하는데 인물로서 나를 표현하는 것이 아니다. 말하는 나는 정체성을 가진 개인이다. '그'를 관찰하고, 기술할 때는 확고부동한 나의 눈(정체성을 가진 개인으로서의 관점)으로 그를 바라보고, 그를 평가하고, 그를 해석한다. 그러나 위의 수필을 보면 같은 병실에 입원했던 환자와도 만났고, 병실을 나서고, 복도에서 타인(그)을 만나고, 아침에는 하느님의 집에도 다녀온 나를 '그'로서 바라보면서 말한다. 사실은 나의 행위들이다. 말을 하는 나도(화자) 확고부동한 나(정체성을 가진)와 동일한 인물인지도 불확실하다. 왜냐면 '나'는 적어도 화자가 언급하고 있는 사람들과 관계맺음 속에서 생각하고, 행동하는 것이 분명하다. 그렇다면 나도 온전한 나라기보다는 사회적 맥락, 문화적 맥락, 병원에 함께 입원해 있다는 동지적 맥락 등 다양한 끈으로 타인과 연결되어 있는 나이다. 그러므로 내가(화자) 말하는 나 또한 확고부동한 나라고 보기 어렵다.

무슨 말이냐 하면, 나라는 존재도 행위 속의 나이지, 확고부동한 개성 즉 정체성을 가진 나라고는 보기 어렵다. 위의 수필 읽기는 타인을 통해서 자기를 이야기하는 것이다.

(*정체성이란 눈에 보이는 외부의 모습만이 아니고, 생각하

고, 판단하고, 의견도 가지므로 내면으로는 한 인간으로서의 특성을 가진 나라는 뜻)

  내가 문혜란의 글을 길고, 어렵게 설명한 것이 이해하기에 오히려 방해가 되었을 것이다. 그러나 요약하여 다시 말하면 수필에서는 모든 행위와 언술은 화자와 관계를 맺고 있다는 뜻이다. 화자 자신이라는 것이다. 삼인칭의 인물을 이야기하는 것도 그 사람을 이야기하는 것이 아니고 자기를 이야기하는 것이다. 왜냐면 그는 화자이기 때문이다. 수필 속의 인물은 모두 일인칭으로 수용된다. 삼인칭으로 표현하는 것은 수필쓰기의 기법이라고 보아야 할 것이다. 라캉은 '말은 자기를 드러내는 행위이다.' 라고 했다. 수필 속은 내가 그를 이야기하여도 그는 일인칭 인물이라는 것이다.

수필의 아름다움은 진정성에 있다고…?

수필 이론서에서 인용한 글을 보자.

 "수필의 아름다움은 진정성에 달려 있다. 형식의 아름다움은 진정성 다음의 미적 가치이다. 진정성에 뿌리를 두어야 진정으로 아름답다. 조화로운 구성을 따지고, 미려한 문체를 논하는 따위의 평가는 수필의 진정성보다 우위에 둘 수 없다."
 "경험에서 사유를 이끌어 내야 진정성이 있다. 경험을 해석해야 한다. 사유란 경험의 해석을 통해 얻어진 의미이며, 진리이다."
 수필의 사실성에 대해서는 이렇게 설명했다.
 "경험적 주관적 재구성을 허구화와 동일시 하지 말아야

한다. 재구성의 과정은 사유를 통해서 인식해야 한다."
　　－새롭게 쓴 수필 창작론. 여세주. 소소담담. 2017.

　재구성을 허구로 보지 말자는 의견에는 나도 동의한다. 그러나 허구가 아니다, 라는 것이 아니고, 허구이지만 수필론으로 수용하자는 것이 나의 생각이다.
　진정성은 진(眞)과 정(正)으로 이루어진 한문 합성어이다. 이 중에 진(眞)에 관해서 살펴보자. 위의 인용문에 의하면 진은 사유를 통한 인식에서 얻어진다고 보았다. 인식은 이성적이고, 논리적인 판단이 들어 있으므로 문학의 방법보다는 철학의 방법이다. 18세기에 바움가르텐이 철학에 미학을 분리하면서 '감성적 인식의 학문이라고 했다. 철학과 예술을 분리시켰다. 문학인 수필에서 철학적인 방법으로 의미를 이끌어내자는 데는 동의할 수 없다.
　미적 가치에서도 진정성이 최우선이라고 하면, 수필에서 다른 방식으로 미적 가치를 추구하는 것보다 진정성 추구를 우선해야 된다는 말이다. 어쨌거나 이 말은 진정성의 속성에 아름다움(美)을 가지고 있다는 주장이다. 틀린 말은 아니지만 이처럼 강조해야 할 만큼 진정성의 미적 요소가 중요한 것도 아닌 것 같다. 그렇다면 진정성이 무엇이며, 미(美)가 무엇인지를 따져보아야 하리라.

진(眞)은 사전의 뜻풀이에서 '참'이라는 말이라고 하였다. 거짓이 아니고 진짜라는 뜻이다. 강조할 때는 '참말로'라는 말도 많이 사용한다. 수필에 허구도 수용하자면서, 수필이 미적 가치를 지니려면 거짓이 아니고 진짜여야 한다면, 수필론에서 자기 모순에 빠진다. 허구도 수용하자고 말하려면 '진정성'이라는 말이 끼어들어서는 안 된다.

 수필에는 문학 일반의 특성인 교시성과 쾌락성이 있다. 전통적인 수필 이론에서는 교시성을 특히 강조한다. 교시성은 독자에게 '참된 것'의 가르침을 준다는 뜻이다. 즉 진정성이라고 할 때 진(眞)에 해당하는 부분이 된다. 이 때문에 종종 수필에서 철학을 말하는 경우가 많다. 희랍시대에는 진은 논리적인 명제에 관한 것을 말했다. 즉 철학적인 내용이다. 예술도 진(眞)을 추구하지만 어디까지나 모방에 지나지 않으므로 '참'에는 도달하기 어렵다고 보았다. 모방을 바탕으로 하는 예술은 철학보다 열등하다고 본 것이 희랍시대였다.
 그렇다면 억지로 예술을 통하여 진을 추구해야 할까. 예술이 진을 추구하더라도 참(眞)에 도달하기 어렵다면 굳이 예술에서 진을 최고의 아름다움이라고 내세울 이유가 있을까.
 예술을 통해서 지식을 얻는 일이 가능할까? 가능하다면 이때 얻는 지식의 성격은 어떤 것일까? (*지식은 어떤 대상에 대하여 배우거나 실천을 통해서 알게 된 명확한 인식이나 이해이다. 즉 알고 있다는 뜻이다.)

　예술이 지식의 대상이라는 것은 분명하다. 또한 예술은 지식을 얻는 수단이기도 하다. 그러나 예술에서 얻는 지식은 관찰, 실험, 검증 등을 통하여 얻는 명제적 지식이 아니다. 철학적인 깊이까지는 얻을 수 없다. 그럴 필요도 없다. 철학이 아니고 예술이기 때문이다. 예술로서의 예술작품을 경험으로서 얻는 지식이다. 예술을 통해서 명제적 지식을 얻는 것은 어려운 일이다. 왜냐면 예술은 비합리적인 상태이므로 합리적으로 찾아가야 하는 지식의 근원에 도달하기는 어렵다.

　(*명제 – 참이거나, 거짓이거나를 가리는 논리적 판단을 나타낸다.)

　진정성이 포함하고 있는 또 하나의 뜻은 올바르다(正)이다. '올바르다'라는 말은 도덕적 가치를 추구한다는 뜻이다. 예술과 도덕의 관계도 긴 역사성을 지니고 있다. 르네상스 이후 근대에 이르기까지 '예술은 도덕에 봉사해야 하고, 도덕적으로 인과응보가 이루어진다는 것을 보여주어야 한다. 따라서 예술은 도덕적으로 고결하게 묘사해야 한다.'라는 주장이 중심을 이루었다. 왜냐면 미에는 선이 포함되어 있다고 생각하기 때문이다. 특히 고전주의에서는 선이 중심 명제가 되었다. 근대미학에서도 '예술이 우리에게 도덕적 이상형을 보여 줄 수 있어야 한다.'고 주장했다.

그러나 18세기 이후에 '예술과 도덕은 다른 범주라고 하였다. 예술은 자율적 영역에 속한다. 예술의 기능은 도덕이나 다른 영역에 봉사하는 것이 아니다.' 라는 주장이 힘을 얻었다. 이런 주장을 펼친 사람을 칸트로 본다.(칸트의 판단력 비판) 이제는 '작품의 도덕적 가치'와 '작품의 예술적 가치'를 따진다. 예술작품에 대한 도덕주의적 비평은 작품의 예술적 가치와는 전혀 관련이 없다. 예술을 도덕주의로 비평하는 것은 도덕주의의 관점을 드러내는 도덕적 비평일 수는 있어도 예술적 비평일 수는 없다.

그러나 지금도 여전히 도덕성을 아주 중요한 조건으로 따진다. 지금, 노벨상 수상자 한강이 이 논란의 중심에 있다. 이유는 한국의 공동체적 가치관과는 다르다는 것이다.

도덕성의 기준을 어디에 둘까? 하는 문제도 논란이다. 흔히 예술에서 도덕성은 (독자나 관람자의) 인간성을 타락시킬 수 있는 것으로 말한다. 즉 메시지의 건전성을 말하지만 오늘의 예술에는 구체적인 메시지가 없는 경우도 많다. 작가가 의도적으로 작품을 구성했다면 작품의 도덕성인지, 작가의 도덕성인지 애매한 부분도 있다. 오늘의 추세는 도덕주의적 비평은 소수 의견이고, 예술과 도덕은 자율적이라는 비평이 주류를 이룬다.

　정성이라는 말이 작품의 철학적인 본질을 추구하고 있는가와, 도덕적으로 가치 있는가를 따지는 비평은 일반적으로 하지 않는다. 그렇다면 이 작품은 진정성이 있어서 좋은 작품이다. 라는 평은 현대 비평에서는 어울리지 않는다.

　수필에서 진정성이라고 할 때는 허구가 아닌 사실이라는 것을 강하게 시사한다. 단순히 사실만을 말하는 것이 아니고 철학적인 본질을 말한다. 진정성은 작품이 철학적 본질을 추구하고, 즉 논리적으로 허구가 아님을 증명하고, 도덕적 가치도 있다는 뜻을 가지는 비평 용어가 되어 있다. 그러나 수필도 허구로 구성되며, 철학적인 본질을 추구하지도 않는다. 뿐더러 오늘날에는 예술작품에서 도덕적 가치를 높이 평가하지도 않는다. 오늘의 수필에서 강조하지 않는 철학성과 도덕성을 비평의 기준으로 삼아야 할까. 생각해 볼 문제이다.

　그렇다면 폐기해버려야 할까? 폐기해버리고 나면 수필이 너무 공허해진다. 뭔가 허전함이 느껴진다. 우리는 답을 찾도록 노력해야 할 것이다.

　진정성을 철학적, 도덕적이 아닌 다른 의미로 정의할 수 있을까. 생각해보아야 할 일이다.

그렇다면 '진정성을 어떻게 해석해야 할까.

좋은 수필의 평글에 자주 등장하는 말에 '진정성이 있다', '진솔하다' 이다. 흔히 말하는 수필의 정의를 풀어서 요약하면, 수필은 허구가 아니라 자신의 마음을 사실적으로 적나라하게 드러낸다. 수필은 그만큼 개성을 중요시하는 문학 장르이다. 작가의 개인적인 인격과 색채를 두드러지게 드러내므로, 극단적으로 말하자면 작가의 자아를 확대하고, 과장하여 쓴다. 수필을 읽을 때 작가가 떠올라야 재미가 느껴진다. 그만큼 수필은 자기 고백을 전제로 하는 문학이다. 등등이다.

수필에서 진정성이라는 말이 중요성을 띠는 이유라면 '수필은 허구가 아니고 자신의 마음을 사실적으로 드러낸다.'와 연관있다. 왜냐면 진정성의 의미가 바로 그런 것을 내포하기 때문이다. 진정성 내지 진정(眞正)이라는 언어가 순수한 우리말에는 없다. 한문에서 차용한 말이다. 한문의 어의로 뜻 풀이를 한다면 진실하고 참된, 또는 참되고 올바른 성질이라고 하겠다. 그러나 영어로는 truth(참)와 sincerity(성실, 정직)가 가장 가깝다. 이 단어의 뜻은 '참', '성실', '정직' 등이 된다.

'참'은 '거짓이 없다'라는 뜻이다. '진솔(眞率)하다'는 진실하고, 솔직하다. 라는 뜻이다. 다시 진실은 거짓이 없이 바르고 참되다. 라는 뜻이다. 중국 미학에는 솔(率)의 의미를 강조한다.

수필의 평글에 이러한 단어들이 갖는 공통적인 의미라면 '거짓이 없다'이다. 진정성이 있다. 진솔하다. 라는 평에는 작가가 자신의 경험이나, 생각을 거짓 없이 솔직하게 표현하였다. 라는 뜻이다. 거짓이 없다는 것은 '있었던 일을 가감 없이 표현한다.'라는 뜻이 된다.

진정성에는 또 하나의 의미, '올바르다'가 있다. '올바르다'라는 것은 '사회가 수용하는 가치에 어긋나지 않다.' 이다. 다시 말하자면 도덕적으로 흠집이 없다, 라는 뜻이다.

이와 같은 언어적 의미와 수필의 정의를 접목시켜 보자. 가장 보편적인 정의를 예로 들면, "소재에 대한 작가 나름의 해석과 이해에 의미의 부여이되, 고백적, 자조 문학의 성격을 갖는다. 수필은 감동을 전제로 하되, 언어를 통해 인생을 새롭게 해석하고, 이해시키는 정서화 된 사상의 전달로서 인간학이다." 이다.

작가가 경험한 것이거나, 지각한 것이거나, 인식한 것을 거짓 없이 표현하여 새롭게 해석한다. 감동을 주어야 함으로 정서화 하여 표현한다. 라고 할 수 있다. 문제는 '거짓이 없다.'

에 있다. 사실을 거짓 없이 지각하고, 거짓 없이 표현할 수 있을까? 이다.

　수필쓰기의 과정을 짚어 보자. 소재를 선택하여 수필로 표현하기까지의 과정을 검토해 보자. 우리는 경험한 사실을 인지하는 것은 지각을 통해서 이다. 감각기관을 통해서 지각한 것은 사실 그대로 일까? 아니라고 한다. 사진기는 있는 모든 것을 그대로 담아내지만, 눈의 시각을 통해서 인지하는 것은 전부가 아니고, 선택된 일부이다. 지각하는 과정부터 사실성은 훼손된다. 신경기관을 거쳐서 뇌세포에 저장(기억)할 때 또 한 번의 선별이 일어난다. 지각된 모든 것을 기억으로 저장하는 것이 아니고, 기억하고 싶은 것만 저장한다. 2차 경험, 또는 사후 경험(자라보고 놀란 가슴 솥뚜껑 보고 놀란다. 이대 솥뚜껑 보고 놀라는 것이 2차 경험이다.)을 통하여 기억으로 저장해 둔 과거의 경험을 의식세계로 불러내는 것을 회상이라고 한다. 회상의 과정에서도 취사선택이 일어난다. 그렇다면 회상의 내용을 그대로 글로 옮기는 것일까? 그것도 아니라고 한다. 이것은 나의 의지로 제어하는 것이 아니고 심리화 과정에서 일어나기 때문에 나의 제어에서 벗어나 있다. (이 과정을 요약하면, 경험 또는 대상 – 지각(1차 경험) – 신경조직을 통해 뇌로 전달 – 뇌 신경이 인식 – 인식 내용을 저장(기

억) - 2차 경험(사후 경험) - 회상(기억을 불러낸다.)- 회상의 내용을 글로 옮긴다)

  대상을 지각하고 인지하여 나의 뇌에 저장하는 과정에서, 결코 사진처럼 사실 그대로를 저장하는 것이 아니라는 것을 말했다. 그렇다면 '사실 그대로'는 아니다. 그렇다고 진실하지 않다고는 말하지 않는다. 왜? 내가 사실이라고 믿고 있기 때문이다. 이런 이유로 같은 사건을 지각하였더라도 사람마다 다르게 기억할 수 있다. 서로가 다르게 기억한 것을 글로 표현할 때는 글도 당연히 달라진다. 그렇다면 거짓이라고 할 것인가. 거짓이기도 할 것이다. 그러나 작가가 진실이라고 믿으면, 그 글은 진실이 된다. 수필이 진실이 되는 이유이다.

  앞에서 내린 수필의 정의 '소재에 대한 작가 나름의 해석과 이해에 의미를 부여'하는 일이다, 라고 했다. 그 정의에 부합한다.

  중국의 문예미학에서도 이 문제를 다루고 있다. 言不盡意(언부진의-말은 가슴 속의 뜻을 담아 낼 수 없다.)요, 文不盡言(문부진언- 글은 말을 그대로 담아 낼 수 없다.)이다. 라고 했다. 글로서는 가슴 속의 뜻을 담아낼 수 없다면 내면의 표출 또는 고백이라는 말이 사실을 의미하는 것은 아니다. 말하자면 기억해 둔 내용을 그대로 글로 담아 낼 수 없다.

인간은 아무런 의식도 없는 기계가 아니다. 하느님이 인간을 창조할 때 의식이라는 것을 만들어서 내장해 주었고, 의식이라는 감찰기관을 거치게 하여 호, 불호에 따른 선택권을 주었다. 호, 불호라는 잣대로 전부가 아닌 자신의 입맛에 맞는 것만 선택하여 기억하였다면 내가 사실이라고 믿고 있더라도 거짓이 아니라고 할 수 있을까? 기억은 하였더라도 밖으로 불러낼 때 도덕을 위시한 여러 사회적인 제약에 걸리는 일이라면 가감 없이 불러 낼 수 있을까? 이런 이유로 언부진의(言不盡意)라는 말이 생겼을 것이다.

그렇다면 내면의 표출 또는 고백의 양식이라는 수필이 사실일까? 허구일까? 하는 의문을 가질 수 있다. 당연히 허구이다. 예술작품은 허구이다. 라는 전제를 하고, 윌슨은 1990년에 하버드 대학의 신문에 글을 발표했다. 예술작품은 허구의 세계를 (작품을 통해서) 참이게 하는 것이다. 말하자면 허구적 참이다. 수필도 바로 '허구적 참'이라고 할 수 있다. 감상자는 상상을 통해서 '허구적 참'을 믿는 체 한다. 그래서 '믿는 체 하기'라는 제목으로 글을 발표했다.

무엇을 믿는 체 할까? '진정성'이라는 언어로서 살펴보자. 진정성(眞正性)은 말의 뜻이 참되고(진실되고) 올바른 성질이다. 거짓이 없고, 바르고 참되다, 이다. 진정성은 '거짓이 없다'라는 뜻이므로 수필 비평에 사용할 수 있는 용어가 아니다. 예술의 장르로서 수필은 이미 태생적으로 거짓을 내포하기 때문이다.

 윌슨의 주장을 좀 더 살펴보자. 수필의 저자는 지난날의 자신이 경험하였던 사실을 글로서 표현했다. 수필쓰기는 작가가 독자를 자신의 '글쓰기'에 초청하는 행위이다. 독자를 자신의 '글쓰기'에 초청하였을 때는 단순히 자신의 과거를 전하려는 것일까? 윌슨은 글의 문장은 단순히 이야기를 전하는 것이지 '의미'를 표현한 것은 아니다. 라는 주장을 했다. 그러나 이야기 내용에는 의미가 있다. 만약에 의미가 없는 이야기라면 횡설수설이다. 회상으로 불러 낸 과거의 경험이 글로 표현할 때는 이미 변형이 된 허구이지만, 작가가 거짓말을 하는 것은 아니다. 독자는 문장이 전하는 이야기의 내용이 사실인지 아닌지를 따지는 것이 아니고, 작가가 전하려는 이야기의 의미를 믿기 때문이다. 그렇다면 수필쓰기는 '작가-독자' 사이에 '믿는 체 하기의 놀이'를 하는 것이다.

 만약에 작가가 이야기를 전하면서 이야기의 의미가 사실이 아닌데도(독자가 사실이 아니라고 믿는다) 사실이라고 단언한다면 이것은 거짓말이다. 문장을 만드는 구성요소의 의미론적 내용이 모여서 문장의 의미를 만든다. 문장의 의미들이 모여서 전체 글의 의미를 만든다.

진정성에 대해서 결론을 내려 보자. 진정성이 있다고 하는 것을 이야기를 쓰는 작가가 사실이라고 믿고, 이야기를 읽는 독자가 사실이라고 받아들일 때(공감)를 말한다. 수필이 예술이란 것은 '허구의 내용을 참이게 하기 때문이다.'

일본의 사소설을 통하여 우리 수필을 생각해본다

　수필에서 자아 표현 이라든지 자기 고백에 허구를 배제해야 한다든지 하는 우리의 수필이론이 어떤 문제가 있는지를 일본의 사소설을 통해서 알아보자. 왜냐면 우리의 수필이론에 충실하려면 수필을 일본의 사소설처럼 쓰야하기 때문이다. 일본의 사소설이 더 이상 발전하지 못하고 사라지게 된 이유를 우리가 참고삼을 필요가 있을 것이다.

　사소설(私小說 시쇼세츠, 와타쿠시쇼세츠)은 일본의 근대소설 가운데 작가가 직접 경험한 일을 소재로 쓰여진 소설을 가리키는 용어이다. 즉 작가가 작품 속에서 적나라한 자기고백을 펼치는 문학의 한 갈래를 '사소설'(私小說)이라 한다.
　사소설은 일본에서만 나타나는 독특한 문학 형식으로, 그

개념을 설명하기란 쉽지 않다. "독자가 주인공과 작가를 동일 인물로 믿어야 사소설이 성립될 수 있다"는 것이다.(수필은 작가=화자=주인공이 동일인물이라고 정의 하였다.) 작품에 나타나는 수많은 사건들을 허구가 아닌 현실에서 체험하여야 하다 보니 사소설 작가들의 인생이 소설과 꼭 같아야 한다. 말하자면 소설의 내용이 작가의 사생활인 것이다. 이처럼 개인의 지루하기 그지없는 사생활을 들려주는 얘기가 독자에게 대체 어떤 의미를 주기에 문학으로서의 생명력을 유지하는 것일까?

사실 한국의 현대문학에서는 이러한 유형의 작품은 발붙이기 어려운 장르라 할 수 있다. 타인의 개인사에 관심을 가지지 않는다. 고작 험난하고 비참하며 비루한 작가의 일상을 읽어야 할 동기도 찾기 어렵다.(이것은 수필의 독자가 적은 이유가 아닐까?) 사소설이란 장르는 일본에서만 나타난 독특한 문학이다. 사실의 충실한 재현과 노골적인 묘사를 원칙으로 하는 자연주의가 기본이다. 그런라 노골적인 묘사가 사실에는 충실하였겠지만 도덕성과는 부딪힐 소지가 많다. 일본의 자연주의는 개인의 가치관을 반영하는 것이 아니라 있는 그대로의 자기를 표현하는, 즉 사생활을 중시하는 고백문학의 탄생으로 이어졌다는 것이다.

적나라한 자기고백, 사소설에서 묘사하는 어떠한 것도 진실이어야 한다는 생각이 당대 일본문학계의 주류가 되었다. 수필도 허구가 아닌 사실이어야 한다는 생각을 지금의 모든 사람이 하고 있다. 일본에서 사소설의 효시 작품이라는 '이불'에서 작가 자신의 실제 현실을 그대로 재현함으로 어떤 가치를 추구하는 리얼리즘 소설이 아니라 단지 사생활을 소재로 작가 자신의 내면을 그려낸 이야기 일뿐이다.

　이처럼 자기 사생활을 소설이란 구조에 담아내려다 보니 감동을 주어야 하는 소설에서의 이야기에 자기 폭로만으로는 한계를 느끼는 것은 불가피하다. 소재의 고갈이 극명하기 때문이다. 그렇다 보니 밑바닥 삶과 자극적 사건을 몸소 체험하지 않으면 안 되는 것이다. 따라서 사소설 작가들 대다수는 어린 시절부터 비참한 환경에서 성장하고 철저하게 고립된 생활을 살아가는 인물들이다. 설혹 중산층 이상의 가정에서 성장한 사람이라 하더라도 사소설을 쓰는 작가이기 위해서는 자신의 일상적 균형이 수시로 파괴되는 것이어야만 했을 것이다. 그런 이야기라야 독자의 관심을 유발하기 때문이다.
　(*이 구절에서, 사소설을 수필이라고 생각하고 읽어보면, 수필에서 주장하는 작가의 경험과 고백의 문제를 같은 문제점으로 생각해 볼 수 있다. 평범한 삶을 살아온 수필작가가 독자의 관심을 끌기 위해 과도의 감상적 분위기를 자아내는 글을

쓰는 것이 우리 수필의 현실이 아닐까. 더구나 여성 작가들의 글에는 이런 경향이 더 많이 보인다.)

사소설의 작가는 소재를 마련하기 위해서라도 스스로 파멸하지 않으면 안 되었을 것이다. 그의(일본의 유명 사소설가를 말한다.) 소설처럼 반복되는 자살과 사창가 여인과의 도피 등, 자기 예술의 승화를 위해 극단의 생활을 추구했으며, 궁극에는 이 기이한 예술의 모순을 마감하기 위해 죽음을 택하여 해결하는 길 이외에는 없었을 것이다.(*작가가 자기의 체험을 솔직하게 고백해야 한다는 사소설의 정의에 맞추기 위해서 작가가 직접 그런 삶을 살아야 한다는 … 수필도 솔직한 자기 체험만을 강조하면 이런 문제에 봉착할 것이다.)

수필을 쓰는 작가는 대부분이 평범한 일상인이다. 자신이 겪은 삶의 체험만을 그대로 표현하여야 한다면, 일상의 삶을 사는 독자의 관심을 끌기에는 턱없이 부족하다는 것은 뻔하다. 그래서 나는 수필쓰기에 새로운 이론을 제시하는 것이다. 허구도 허용하자는 것이다. 물론 허용하는 범위를 만들어야 할 것이다.

어쨌거나 일본의 문학 장르라는 사소설을 이야기해보면, 이

자폐증적 요소를 지닌 사소설은 일본의 문화코드와 분명 연관되어 있다. 일본의 대중 영상물을 보면 공통된 특징을 발견하게 되는데, 유독 '엿보기'를 즐긴다는 것이다. 자신인 '나'는 사람들에게 보여주고 싶지 않지만, 타인인 내가 그것을 살짝 엿봄으로써 자신의 행동을 교사하는 심정이 잠재해 있으며, 사소설은 바로 이러한 공공연한 엿보기를 충족시켜 준다는 것이다.

한국 사회도 이러한 일본 문화의 영향에 노출됨에 따라 무분별한 관음증이 각종 미디어를 휩쓸고 있다.

사소설의 '사실성'이라는 것은, 소설 속에 그려진 사건이 실제로 일어난 일이라는 점은 일본인에게 사실에 충실한 작가라는 신뢰를 준다는 것이다. 이것은 수필이 소설보다 강점으로 치부하는 이유의 하나이다. 이것은 작가와 동일한 인물인 소설 속 주인공에(수필에서는 수필 작가) 친밀감을 갖게 하고 나아가 '자기 동일화'로 더욱 빠져들게 한다. 수필은 독자에게 사실을 숭상하고 허구를 배척하게 한다. 수필 장르의 특수성이면서도 수필의 강점이라고 한다.

고백문학, 일기문학, 수기문학으로서 작가가 화자인 수필에서는 작가의 시선이 주인공과 객관적 거리를 가지지 못한다. 자기반성이란 자기가 자기를 질책해야 한다. "자유로운 인격의 발전" 혹은 "자신이 책임지는 자율적 개인의 인격형성"이라는 가치를 지키려면 작가는 자기 자신과 갈등을 일으킨다. 그런데, 반성 또는 깨우침이라면서 작가가 작가 자신을 질책하는 글이 독자를 얼마나 설득할 수 있느냐가 수필의 관건이 될 것이다.

허구를 배제하고 사실을 추구하는 수필에서 작가는 수필을 통해 통렬한 자기 비판과 독자가 수용하는 가치를 세워야만 작품으로서 성공한다. 수필을 쓸 때 항삼 염두에 두어야 한다.

(일본의 사소설에 관한 글이 우리 수필의 문제를 꼬집는 듯하여, 수정하여 써 보았습니다. 이 글도 일본의 사소설이 이러한 문제 때문에 일본에서도 사라지는 운명에 처했다고 했다. 우리 수필이 우리나라에서 생명을 오래오래 유지하려면 …….)

재미 있는 수필쓰기
(나의 객관화, 대상의 주관화 그리고 '왜')

 책을 읽으면 나를 붙잡아 두는 책도 있고, 한 두 페이지를 읽고는 놓아버리는 경우도 있다. 책을 쓴다면 독자들이 끝 페이지까지 읽어주기를 바라는 것이 사람의 공통된 마음이다. 첫 장 몇 페이지를 읽고 책을 놓는다면 여간 실망스러운 일이 아니다.

 책도 자기의 책장을 끝까지 넘겨주지 않는다면, 그 책임을 독자에게 물을까. 자기를 탄생시킨 작가에게 물을까. 일차적으로는 작가의 책임이 더 크다는 것이 나의 생각이다. 책의 책무는 독자에게 읽히는 것이다. 독자가 끝까지 읽지 않는다면 독자보다는 책무를 완수하지 못한 책의 잘못이 크다. 책보다는 책을 탄생시킨 작가가 책임의 몫을 떠맡아야 한다. 이제부터라도 작가는 독자를 책에 붙잡아 두는 방법을 찾아야 한다.

독자를 책에 붙잡아 두는 방법으로, 독자가 책의 내용에 '왜?'라는 의문을 가지도록 한다. '왜?'라는 의문을 가지면 독자는 궁금증을 해소하기 위해서 호기심을 가진다. 사전에서 호기심을 설명하는 것을 보면, '무엇인가에 특별한 관심과 애정을 쏟는 마음의 태도이다.' 또 '호기심을 가진 사람은 왜 이것은 이렇고, 저것은 저런지 질문한다.' 라고 했다. 역으로 말하자면 작가는 독자가 책의 내용에 대해서 왜 이러한지 의문을 가지도록 써야 한다. '천일야화'의 기법이다.

그렇다면 독자가 우리 수필을 외면하는 이유는 수필의 내용에 의문을 가지지도 않고, 질문하지도 않는다 하겠다. 우리가 알고 있는 수필의 속성을 찾아보자. 우리 수필은 회상 형식이 90% 이상을 차지한다. 회상은 개인의 과거사를 현재로 불러내는 것이다. 논리적으로는 개인의 과거사는 개개인마다 다르다. 그러나 하나로 뭉뚱그려서 보면 같은 시대를, 같은 지역에서 같은 가치관을 갖고 살아왔기 때문에 개개인이라 하더라도 회상으로 불려오는 과거사가 유사하다. 개인의 과거사이지만 모두 시대가 요구하는 틀 속에서 만들어 졌기 때문이다. 그 틀을 벗어나려 몸부림치며 살아오지 않았기 때문이다. 더군다나 수필을 쓰는 기법마저 동일하다면 더 말할 것도 없다. 석가님의 말씀을 인용하면 법이라는 하나의 용범에서 빠져나온 물건처럼 이 작품이나, 저 작품이나 내용의 이야기를 같은 구성으로 만들었다.

이러한 '회상'의 심리적인 작용은 작품을 천편일률적으로 만드는 경향을 띄게 한다.

과거를 사실성이라는 수필의 법칙에 갇히어서 상투적으로 표현하다 보면 이 사람이나, 저 사람이나 작품의 내용들이 어슷비슷해진다. 결과적으로 글의 내용이나 표현 기법의 차이가 없다면 첫 머리만 읽고서도 뒷 이야기가 떠오르므로 호기심이 생기지 않는다. 책을 놓아버린다.

호기심을 가지게 하려면 위에서 본 사전적인 뜻을 새겨보자. 위의 설명을 반대로 시행해 본다. 독자가 작가의 이야기에 끊임없이 질문하도록 구성하는 것이 방법이다. 수필 구성은 독자가 호기심을 가지고 질문하도록 이야기의 틀을 짜는 일이라 하겠다. 더 요약한다면 이야기 만들기이다. 이야기는 우리가 의도하지 않더라도 속성 상 호기심이 생기도록 구성되어 있기 때문이다. 수필로 쓴다면 이야기를 소설보다는 좀 더 수필에 가깝도록 구성한다.

표현 기법을 먼저 살펴보자.

수필적인 요소들 중에 우선 화자부터 살펴보자. 수필은 작가 자신의 이야기임으로 1인칭 화법을 구사하는 것이 일반적이다. 1인칭 화법에서는 화자가 있고, 이야기의 대상이 있다. 1인칭 화법은 화자의 생각이 언어의 중심이 된다. 화자의 언어느 화자의 생각을 풀어내므로 바로 수필이다. 이것은 오늘에 통용하는 수필 일반론이다.

1인칭 화법은 대상이 아닌 자신의 생각이 중심이 된다. 이래서 수필은 1인칭 서술법이라고 말한다. 최근에 와서 문학사에 나타나는 하나의 현상이라면 소소한 자기 이야기가 하나의 흐름을 이루었다. 소설에서도 자전소설이 유행했고, 자전소설이 성공을 거두었다. 2022년인 금년의 노벨 문학상을 수상한 작가는 자기가 경험한 사건을 소설로 발표한 작가이다. 바로 그 이유로 노벨상 수상자가 되었다. 우리나라에서 자기 이야기가 중심인 수필은 노벨상은커녕 문학의 변방으로 밀려나는 현상이 나타난다. 우리 수필이 변방으로 밀려날 만큼 잘못된 것이 무엇일까? 우리 수필가들이 시대의 흐름을 올바르게 읽지 못하여 흐름을 타지 못한 탓일까?

일인칭 기법으로 자전 형식의 소설을 써서 2022년도 노벨상 수상작가가 된 아니 에르노의 소설 기법을 참고삼아서 우리의 수필이 나아가야 할 방향도 가늠해 보자.

그는 자기의 감정을 일인칭으로 표현할 때도 주관적 관점이 아닌, 객관화하여 표현하였다. 3인칭의 대상물도, 대상물이 1인칭으로 말하는 기법을 사용하였다. 물론 객관적으로 서술하는 형식을 취했다. 지금의 우리 수필이라면 작가가 대상물을 보고 느낀 점을 주관적으로 표현하는 형식이 될 것이다. 주관적 관점에서 글쓰기를 하는 것은 우리 수필이 늘상 해온 서술기법이 아닌가. 그래서 나는 노벨상 수상작가 '아니 에르노'의 작품을 구해서 읽어보았다. '단순한 열정'을 구해서 읽었다.

'단순한 열정'은 60페이지 쯤의 짧은 소설이었다. 내용은 유부남과 불륜의 사랑을 다루었다. 소설이라면 두 사람이 어떻게 만났으며, 갈등을 일으키는 사건이 어떻게 전개되며 어떻게 결말을 지을까로 구성하면서 이야기가 만들어진다. 그러나 이 소설에서는 이야기라고 할 만한 전개가 없었다. 이야기래야 어떤 남자와 사랑을 나누었다, 라고 한 마디로 요약할 수 있다. 작가는 한 남자와 나눈 사랑을 그의 사유를 통하여 언어로 끊임없이 구술하였다. 유부남과 불륜이라면 우리가 생각하는 갈등 구조의 이야기를 만드는데 좋은 원인의 제공자이어야 하는데, 이 소설에서는 갈등이나, 불륜의 문제 같은 것은 전혀 언급하지 않았다. 1인칭 화법으로 그 남자에 대한 자신의 사랑 감정을 격렬하게 표현하였다. 자기를 객관화하여 표현한 것이다.

하나의 예로서, 자신의 행위를 어떻게 표현하였는가를 보기로 하자. '침대에서 일어서서 벌거벗은 몸으로 냉장고의 문을 열고 맥주를 꺼냈다.' 자신의 행위를 마치 제 3자의 행위를 표현하듯이 했다. 주어를 3인칭인 '그' 또는 '그녀'로 하더라도 문장이 조금도 어색하지 않는다. 이 문장은 주어가 생략되어 있지만 문맥상으로는 1인칭인 '나'가 주어이다.

언어나, 사고의 대상을 표현할 때도 1인칭 기법으로 하였다. 대상이 1인칭 주어가 되어서 말한다. 사실은 대상이 하는 말은 작가가 하는 말과 다름 아니다. 화자나, 화자가 말하는 대상이 모두 1인칭 화법이라면 소설의 흐름으로 글을 썼지만 수필의 기법과 하나 다르지 않다. 수필도 이런 형식으로 쓸 수 있지 않을까라는 생각이다.

수필쓰기에서 나를 객관화하여 1인칭으로 표현하면 어떨까? 나는 재미 있는 화법이 되리라 믿어진다. 이런 방식으로 이야기를 만든다면 이야기가 사건의 중심이 되는 것이 아니고 나의 사고를 표현하는 방식의 이야기가 되리라. 나는 우리 집 옆의 범어동산 산책로를 일년 내내 운동삼아 다닌다. 범어동산의 나무 색상은 사시사철 철따라 변한다. 나는 수필에서 변화를 주관적 관점에서 표현했다. 단풍이 곱게 물드면 단풍이 나에게 던져주는 감정의 실마리를 나의 관점에서 해석하고 풀어나갔다. 그러나 단풍으로 단장한 나무들 사이의 오솔길을 내가 걸어갔다. 라는 방식의 서술을 한다면, 독자의 느낌도, 분위기도 달라질 것이다. 작가의 감정을 그대로 받아들이는 것이 아니고, 독자 스스로 분위기에 빠져서 자기 나름의 감정을 느낄 것이다.

　대상물의 주관화도 생각해보자.
　대상물도 자기의 사고와 감정을 가지고 있다. 그러나 수필에서는 그들의 사고나 감정을 나의 관점에서 해석하면서도 나의 주관적 서술이 마치 그의 사고이고, 감정인 듯이 표현한다. 독자도 그렇게 생각하게 한다. 수필은 개인의 독백이고, 고백이니 하는 것은 잘못된 서술 이론이 아니다. 그러나 작가의 서술이 대상을 올바르게 읽고 표현하였을까. 올바르게 읽지 못한 서술이라면 독자인 우리는 어떻게 해야 할까. 오히려 혼란에 빠지는 것은 아닐까.
　1994년에 샘터사에서 '어머니에게 쓰는 짧은 편지'라는 제목으로 공모전을 하였다. 그때 대상을 받은 작품은 부산에 사는 29세의 주부가 쓴 편지였다. 이랬다.

　　"생선장사 비린내 엄마
　　버스 차창 너머 하교길의 날 보셨다지!
　　당신을 보고도 얼굴 돌리던 딸년이 서러워
　　그렇게 우셨다면서요.
　　그날! 정말 엄마를 본 게 아니었어요."

화자인 작가가 자기의 관점에서 어머니를 서술하였다. 주관적인 표현이다. 작가는 어머니를 보지 않았다는 자기 이야기이다. 그러나 대상인 어머니를 1인칭으로 하여 이 상황을 기술한다면 어떤 글이 될까. 작가는 오해라고 하였지만 어머니 자신이 느끼는 슬픈 마음을 1인칭으로 표현한다면 이것도 재미있는 수필이 되리라 싶다.

　내가 아는 유명한 변호사님이 이런 이야기를 했다.(수필이 아니고 이야기로) 어머니는 대구 서문시장에서 난전을 하여 자기를 학교에 보냈다. 판사가 되어서 어머니를 모시고 비싼 식당에 가서 음식을 주문했다. 상이 그득한 음식물을 보고 '이건 얼마나 하느냐'고 물었다. 가격을 말했더니 어머니는 수저를 들지 않더라는 이야기를 했다.

　대상을 객관적으로 묘사한 면도 있지만 어머니를 1인칭으로 하여 글을 썼다면, 변호사가 전해준 이야기와는 다른 내용이 표현될 것이다. 어쩌면 훨씬 더 가슴이 찡한 이야기로 전개될 수도 있다. 그러나 지금의 문예이론으로는 그런 글을 수필이 아닌 소설로 분류하리라 싶다.

　그러나 나의 생각은 그런 글이 반드시 소설이어야 할 이유는 없다. 얼마든지 수필이 될 수 있다.

　생선장수 엄마도, 난전의 어머니도 작가와는 분명히 다른 사유 세계가 있을 것이다. 지금까지의 우리 수필은 작가의 주관적인 사고만을 표현했다. 대상의 태도를 1인칭 화법으로 빌려온다면, 내가 경험하지 않았던 세계에 대해서도 더 깊고, 넓게 표현해낼 수 있을 것이다. 타인을 수용하는 마음의 자세도 가질 수 있을 것이다.

작가가 생선장수 엄마나, 난전의 어머니를 1인칭으로 표현한다면 대상의 주관화라고 할 것이다. 그렇게 쓰는 수필기법도 재미를 주는 방법이 되지 않을까.

재미란 무엇인가

 나는 나름대로 수필에 대한 나의 의견을 가지고 있다. 내 의견이 수필가들이 쉽게 받아들이지 않는다는 사실도 알았다. 그러나 나는 내 주장을 굽힐 생각이 전혀없다. 수필은 재미가 있어야 독자를 확보할 수 있다.
 수필을 전공하신다는 교수님과 대화를 나누다가 내가 수필의 재미론을 주장했다.
 교수님은 재미에 대한 부정적 시각을 표현하는 뜻으로, '재미가 뭔대?'라고 반문했다.
 이 글은 그에 대한 답이기도 하다.
 재미란 무엇인가? 재미는 즉각적인 '즐거움의 경험'이다. 수필을 읽는 순간에 독자는 즉각적인 즐거움을 경험해야 한다는 말이기도 하다.

지금부터 재미란 무엇인가에 대하여 이야기해보자.

재미의 정의를 내리는 일은 불가능하다고 했다. 따라서 정의를 내리기보다는 재미가 일어나는 조건을 많이 따진다고 하였다. 이러이러 할 때 재미있더라는 식으로 말한다.

재미는 특정한 행위를 말하는 것이 아니고, 우리가 살아가면서 마주하는 사람과의 사이에서 조건에 맞추어 일어난다. 마주하는 사람이란, 사회 생활을 하면서, 라는 말과 같다. 즉 사회생활을 하면서 재미를 주는 조건이 맞아떨어질 때를 주로 말한다. 맞아떨어지지 않으면 재미는 일어나지 않는다.

그러면, 어렵게 말해봅시다.

상호작용 중인 사람들이 사회적 환경을 의식적으로 재구조화 하고,(재구조화란 도덕주의 사회 구조망을 삐딱하게 말하고는,) 그것을 받아들이면서, 느끼는 것이 재미이고, 재미를 통해서 정서적으로 보상받는다. 즉 만족감을 느낀다. 사회가 도덕주의에 빠져 있다면, 도덕주의에 어깃장을 놓는다는 것이다.

학술적으로 재미는 아직 미개척 분야이다. 그러나 깊고, 강렬하게 그리고 산발적으로 느껴지는 만족감이라고 말한다.

그라지아는 1962년에 이렇게 말했다.

재미 있는 순간애 자유를 느낀다. 재미는 도덕이나, 정치

관념과는 무관하다. 자유란 도덕적으로, 사회관념상으로 억눌려 있던 것에서 벗어날 때임으로 자유와 재미는 거의 동의어이다.

재미와 즐거움의 차이를 말하자면 재미는 外向的이고 즐거움은 內向的이다.

재미와 즐거움은 사회적 유대 속에서 형성됨으로, 상호 관계하는 과정에서 권력이나 불평등의 차이가 없어질 때 나타난다. 재미를 경험할 때는 긴장이 풀어진다.(이완된다.) 재미는 기분전환 정도이고, 진지하지는 않다. 즐거움을 느낄 때는 몰두한다. 수필이 제공해주는 재미도 이 범주에 속하리라. 수필이 재미있어야 몰두하여 읽는다.

재미는 진지한 것은 아니다. 그러나 즐거움에는 몰두가 있고, 몰두는 사람을 빠져들개 하며, 몰두하는 것은 개인에게 의미가 나타나기 때문이다. 몰두하게 만드는 것은 일반적이고, 보편적인 법칙이 있는 것이 아니다. 경험하는 사람이 개인적으로 느끼는 감정임으로, 재미에는 개인의 취향이 많이 작용한다.

수필에서 주제를 강조 할 때는 재미보다 즐거움을 강조한다는 것이다. 재미와 즐거움을 주는 특정한 형식은 없다.(수필을 이런 형식으로 써야 재미를 준다든지…하는, 그런 형식이 없다는 것이다.)

　일반적으로 재미가 나타날 때를 보면 재미는 위반할 때 온다. 위반이란 특정 형식의 틀을 깨는 것이다. 즉 규칙을 위반하는 것이다. 통상적인 형식을 깨뜨릴 때에 재미를 느낀다. 하지 말라는 것을 하면 더 재미가 있다 하는 말이 바로 이런 경우이다. 규칙에서 벗어나는 것이 일탈이고, 위반이다. 개개의 조건들은 다음에 좀 더 상세히 알아보겠다.

　예측과 회상은 상상력이 작용한다. …상상력이 작용하며 일탈의 세계 속으로 들어갈 수 있고, 온갖 환상적 만족을 얻을 수 있다. 이처럼 규칙에서 벗어난 상상을 '개방성'이라고 한다.
　재미는 나 혼자 만이 아닌(몰두가 아닌), 함께 즐기는데서 온다.
　재미에는 사회적 공명이 있다는 말도, 나 혼자가 아닌 '사회가 함께'라는 뜻이고, 사회가 구조화되어 있다는 뜻이므로, 공명이 있다고 하였다. 문화적으로 같은 공동체에 사람들은 내가 즐거우면 다른 사람도 즐거움을 느낀다. 이것을 공명이라고 한다.
　수필에서 재미를 느꼈다는 것은 작가와 독자 사이에 공명이 일어났다는 뜻이다.

 재미의 이론화는 아직까지 연구 단계임으로, 명백하게 확립하지 못하였다. 그러나 재미를 더 깊이 이해하기 위해서는 이론화가 필요하다. 수필쓰는 사람에게 필요한 이론이라고 생각한다. 재미에 대한 이론이 하루 빨리 정립되기를 기대해본다.

수필을 재미있게 쓰자

여기서는 재미를 주는 글쓰기 기법을 알아보자.

우리 수필이 재미없다는 것이 거의 통설로 되어 있다. 우리 수필이 독자로부터 외면 받는 이유가 재미가 없기 때문이라고 말한다. 그러나 정작 수필을 쓰는 사람은 재미라는 말에 거부감을 나타낸다. 재미를 추구하다 보면 수필의 질이 떨어진다는 것이다. 나의 의견은 다르다. 독자가 글을 읽게 하려면 독자가 재미를 느껴야 한다는 것이 나의 생각이다.

그렇다면 수필을 재미있게 쓰는 방법부터 찾아보아야 하리라. 제일 우선되는 조건은 '이야기 만들기'를 하자는 것이 나의 생각이다. 이야기는 태생적으로 재미라는 속성을 가지고 있기 때문이다.

우리 수필이 재미가 없도록 한 주범들인 경건주의, 엄숙주의에서도 빠져나와야 한다. 글의 재미를 일으키는 기법은 우리 수필이 기피해 왔던 것들이 아닌가 싶다. 주로 저질스럽다고 말하는 내용들이 아닐까. 재미를 찾아가는 길을 탐색해보기로 하자.

1. 이야기는 재미가 있다. 이야기의 원형을 알아보자.

 옛날부터 전해오는 신화나 민담, 전설을 분석해보니 이야기를 구성하는 기본 틀이 있었다. 수천 년 또는 수백 년 동안 전해오는 이야기라면 그 이야기가 재미있기 때문이다. 말하자면 신화나 민담의 이야기 구성 틀이 이야기의 원형이다. 원형이 바로 재미를 일으키는 구성 방법이다. 그래서 원형을 알아보자고 하였다.

 이야기의 원형론이 나온 배경은 구스타프 융의 원형 심리학과 프레이져의 인류학이다. 융은 우리의 내면에는 존재하는 관념도 유전적인 성향이 있다고 보았다. 이런 관념들이 집단의 무의식을 만든다는 가설을 세웠다. 전해 내려오는 이야기가 재미를 주는 것은 이처럼 유전적인 구성 여건을 갖추었기 때문이라고 보았다.

 수필에서 재미를 담기 위해서는 이야기의 기본적인 구성 틀인 신화와 민담의 구성을 참조할 필요가 있다.

2. 아이러니

우리말로는 반어(反語)라고 한다. 말의 뜻이 실제의 하는 말의 뜻과 반대일 때를 말한다.다. 표현의 효과를 높이기 위해 실제와 반대되는 의미로 하는 말이다. 이렇게 말하는 방법을 반어법이라 한다.

아이러니의 어원은 위장 즉 숨긴다는 뜻의 그리스어 에이로네이아(eironeia)다. 상대의 모순을 드러내기 위해 무지를 폭로하는 문답법의 하나로, '낱말을 표면(表面)의 뜻과 반대로 표현하는 것'이라는 수사학(修辭學) 용어로 활용됐다. 소크라테스는 스스로는 무식한 체하면서 아는 체하는 사람들의 가면을 폭로한 소크라테스 수사법이 뿌리이다. 간접적인 문어적(文語的) 표현을 취하므로 사람들의 자각을 촉구하는 부정(否定)의 힘이 강하다. 같은 간접적인 표현을 하면서도, 유머는 긍정적인 평온성을 지니는데 비하여 반어는 가시 돋친 준열성을 지닌다. 우리는 코메디 극에서 자주 본다. 아이러니는 그만큼 사람을 웃도록 하기 때문이다. 배삼룡이 바보처럼 행동하면서도 뼈있는 말을 하여 관람자를 웃기는 것이 좋은 사례일 것이다.

3. 알레고리(寓意)

표면적인 이야기나 묘사 뒤에 어떤 정신적 · 도덕적 의미가 암시되어 있는 비유. 가령, 오웰(G. Orwell)의 동물 농장은 독재 정치에 대한 알레고리를 담은 소설이다. 이솝 우화는 수필적 요소가 강하다고 하겠다.

우화는 하나의 명확한 교훈을 가진 짧은 알레고리로 들 수 있다. 일반적으로 은유가 단어나 문장에 사용되는 개념이라고 한다면 알레고리는 우화처럼 이야기의 전체를 통하여 훨씬 큰 범위를 지닌 개념이라고 할 수 있다.

(*동화의 경우는 의미를 가지는 경우가 많다.)

문학적 표현 기법으로서 알레고리란 인물, 장소, 사건 등의 매개체를 바탕으로 비유하여 이야기를 풀어나가는 방식이다. 문학뿐만 아니라 모든 형태의 예술에 두루 적용되어 왔다. 은유적 이야기인 플라톤의 동굴 우화나 이솝우화도 대표적인 알레고리이며 그리스·로마 신화 같은 여러 신화나 민담에서도 따올 수 있다.

알레고리는 상징과 구분된다. 상징은 표현의 관습이다. 보여주는 대상과 그 대상이 의미하는 내용이 일치한다. 예컨대 태극기를 찍어 애국심을 보여주고 일본 대사관 앞에서 일장기를 불태우는 사진을 찍어 독도 문제와 군대위안부 문제에 대한 한국인들의 분노를 보여준다는 것은 상징의 수법이다.

어떤 사물을 직접적으로 표현하는 것이 아니라, 다른 사물에 의해서 암시적으로 표현하는 방법입니다. 이 표현방법에 의해서 창작된 문학 작품이나 조형예술작품을 일반적으로 알레고리라고 한다.

문학에서는 어떤 한 주제 A를 말하기 위해 다른 주제 B를 사용하여 그 유사성을 적절히 암시하면서 주제를 나타내는 수사법을 말한다. 은유법과 유사한 표현 기교라고 할 수 있는데 은유법이 하나의 단어나 하나의 문장과 같은 작은 단위에서 구사되는 표현 기교인 반면, 알레고리는 이야기 전체가 하나의 총체적인 은유법으로 관철되어 있다는 차이점이 있다.

4. 패러독스(逆說)

겉으로 보기에는 명백하게 모순 또는 부조리하게 보이지만 어떤 의미에서는 그것이 진실일지도 모른다는 생각을 하도록 기술하는 서사법이다. 본래는 수사법으로서 청중의 주의를 환기시키는 기법으로 사용했다. 처음에는 글을 읽고 비논리성에 거부하거나 당혹하지만 다시 생각해보면 그 말이 옳다는 생각을 가지게 한다.

합리주의를 신봉하는 철학에서는 일체의 역설적 요소를 제거하고, 논리적인 연속성을 추구한다. 문학은 설득의 방법으로 역설을 이용하기도 한다.

문학은 근본적으로 직선적 논리에 의존하지 않고 직관에 의하여 세상을 인식함으로 역설법을 많이 이용한다. (*직관의 경우는 일반적으로 논리의 단절이 일어난다.)

(문학적 표현에 비꼬는 투의 말이라든지, 말의 뒤에 숨어 있는 의미를 꺼집어 내든지.

범죄가 많은 곳에 순사가 많다 등등.)

예문을 보면,

1. 무신론자만큼 신의 존재에 대하여 관심이 많은 사람은 없다.
2. 죄가 많은 곳에는 또한 하느님의 은혜가 많다.
3. 님은 갔지만, 나는 님을 보내지 않았습니다.(한용운)
4. 좋아서 죽겠다.(일상 언어)
5. 슬플 정도로 아름다운 여인(시어에서)

5. 일탈

일탈의 사전적인 뜻은 '빗나가다', '벗어나다'의 뜻이지만 수필쓰기에서 말하는 일탈은 사회적인 규범으로부터 벗어나는 일을 일컫는다. 일상에서 벗어나고, 달아나려는 행위이다. 피천득 선생도 수필쓰기를 일상에서 살짝 벗어나는 것이라고 했다.

일상은 너무나 뻔한(익숙한) 내 모습을 보여준다. 그런 나를 글의 주인공으로 등장시키면 재미가 없는 것은 당연하다. 내 자신이 일상에서 벗어나게 되면, 다른 관점에서 나를 바라본다. 나를 객관화하여 바라보는 기회가 된다. 이럴 때는 나와 다른 내가 보이기 때문에 흥미롭고, 재미있다.

사람들은 누구나 일상에서 벗어나 보고 싶어 한다. 그렇게 하지 못하는 이유로 가장 많이 하는 말이 일상이 나를 가로막고 있다. 일상이 답답하고 불만스러울 때는 벗어나고 싶어 한다. 일탈을 꿈꾼다. 막상 일탈을 하고 나면 꿈꾸었던 일탈과는 다르게 나타난다. 일탈을 꿈 꾸었을 때는 환상으로 나타나지만, 막상 일탈을 하고 나면 현실이 나타난다. 그래서 막상 일탈을 하고 나면 재미가 없다고 한다. 왜냐면 일탈이라는 말의 '이미지'가 신선하다거나 재미가 있거나, 다른 여러 건강한 이미지가 아니기 때문이다.

일탈의 경험을 해보지 못한 사람은 두 가지 이유 때문이다.
1. 일상의 기쁨이 너무 커서 일탈을 꿈 꿀 필요가 없기 때문이다.
2. 소심한 게으름으로 일상의 틀에서 벗어나는 것을 귀찮아하거나 두려워 하는 경우이다.

말하자면 경험이 없기 때문에 심심한 사람과 소심하고 게으르기 때문에 사람이다.

　수필쓰기에서 소심하고, 게으르기 때문에 일상에 안주하는 사람은 재미있는 글쓰기가 그 만큼 더 어렵다.

6. 상상(Imagination)
　상상은 실제로 존재하지 않은 것을 머릿속으로 생각하는 것을 말하며, 상상력이란 눈에 보이는 것이 없고 귀나 다른 감각기관에서 느낄 수 있는 것이 없을 때, 정신적인 이미지와 감각과 개념을 형성하는 능력이다. 이것을 통해 사람들은 세계를 이해할 수 있고, 무슨 일이 일어나는 과정을 배울 수 있다. 허구가 족쇄가 되어서 수필쓰기를 어렵게 한다. 수필에서 상상을 이용하는 것은 족쇄를 극복할 수 있는 방법이 될 것이다.

　일반적으로 상상이라고 하면 이성에 반대되는 것으로 생각하였으나, 지금은 문학의 기본이라는 생각을 한다. 철학에서 상상을 정식으로 다룬 학자는 칸트이지만, 우리는 복잡한 이론은 넘겨버리자. 그러나 시인 블레이크가 한 말 '상상은 영혼의 감각이다.'라고 한 말을 새겨듣자.

　20세기에서는 인간의 심리학에서 다루기 시작하면서, 상상하는 것은 욕망하는 것이다. 라고 했다. 지금은 인간의 무의미하고 잡다한 체험을 하나의 형상으로 통일시키므로 우리에게 심리적 안정을 가져다준다고 믿는다. 따라서 심리적인 문제로 다루면서 요즘은 문학에서 상상력보다 심상(image)에 더 무게를 둔다. 이로서 상상의 세계와 현실의 세계의 경계가 점점 없어져간다.

신화시대부터 우리 인류가 걸어온 길을 추적해보면 상상으로 만든 길이 현실의 길로 바뀌는 과정의 역사라고 해도 과언이 아니다. 그만큼 상상력은 허구이면서도 현실로 바뀔 가능성이 있는 세계이다. 우리 수필이 상상력을 허구 문제로 두려워 할 이유가 없다.

이성으로 구성된 지식의 세계에 상상력으로 충격을 가함으로 예술의 세계, 문학의 세계로 바뀐다. 상상 여행이 만들어낸 세계는 현실세계보다 훨씬 더 흥미롭고, 재미있는 세계이다.

수필에서 재미라는 치장을 하기 위해서는 상상력을 최대로 이용할 필요가 있다. 그래야만 재미가 더해지기 때문이다.

프로이트는 문학작품을 백일몽이라고 했다.

7. 언어 유희, 말장난

다른 의미를 암시하기 위해 말이나 동음이역어를 해학적으로 사용하는 표현방법이다.

언어가 수행하는 다양한 기능 중에 의사소통이라는 본질적인 기능 외에 우리가 주목해야 할 것 중에 '사회적 기능'이 있다. 사회적 기능이란 당대의 사회상을 민감하게 반영하면서 상호소통이 일어나는 적극적인 형태의 표현이다. 문학 등에서 나름의 의미를 가지고, 의도하지 않았던 것처럼 사용하면 효과가 있다.

우리의 고전 문학에 재담(才談)이라는 것이 있다. 재담이 추구하는 재치와 재미는 일상적인 언어 관습을 파괴하는데서 유발하는 경우이다. 일상 언어의 소통 체계의 작은 틈새를 비집고 차고 들어가서 의미를 흔들어버린다. 보기로 정수동의 재담을 들면

"어느날 정수동이 안동 김씨 김대감 집앞을 지나는데, 어린 아이를 끌어안고 젊은 엄마가 울고 있었다. 왜 그러냐고 하나 아이가 쇠전 한 잎을 삼켰다고 했다. 정수동이 말하기를 이 집 대감은 수만 냥을 삼키고도 끄떡 없는데, 겨우 한잎으로, 괜찮습니다."

뇌물을 받거나 공금을 횡령하는 것을 '꿀꺽 삼키다'라고 표현하는데서 차용했다.

최근에 가족구조를 두고 젊은 엄마가 1등 가족이고, 손자가 2등, 반려견이 3등, 가정부가 4등, 젊은 아빠(아들)가 5등, 시아버지는 6등 가족이라는 말이 떠도는 것을 응용하여, 아들

집을 방문한 아버지가 떠나오면서 아들에게 하는 인사로 남긴 쪽지에, '5등아 잘 있거라, 6등은 간다.'라는 것도 시대상을 반영한 말장난이다.

수필에서 언어 유희는 단순히 개그 차원이 아니고 한 차원 높은 사회비판적인 요소가 담겨야 성공할 수 있다. 그 시대에 유행하던 유행어를 패러디하거나, 살짝 비틀어서 표현하는 것도 하나의 방법이 될 것이다.

8. 해학미
주요한은 한국미의 특질 중의 하나로 '해학미'를 꼽았다.
해학미는 익살스러움에서 느껴지는 아름다움이다.
해학미에는 추(醜)의 요소도 가미되어 부조화, 불확실성, 왜곡 내지 저속함도 포함된다.

인간은 본질적으로 삶을 영위하면서 즐거운 일과 슬픈 일을 겪기 마련이고, 그때의 우리 반응이 웃음(익살맞은 표정)과 울음(눈물)이다. 인간에게 웃음과 울음은 내적인 것(정신적인 것)이 육체에 나타나는 '인간존재의 거울이고, 계시라고 했다.(플레스너) 플레스너는 웃음과 울음을 분리하지 않고 하나의 감정으로 다루었다.' 실컷 울고 난 뒤에는 마음이 후련해진다.'라는 말을 흔히 한다.

익살에 근접한 것으로는 풍자(무엇에 빗대어 재치있게 표현하는 것). 아이러니(비꼼)가 있다.
그러나 해학(일종의 익살)은 풍자나 비꼼처럼 빗나간 현상을 시정하기 위해 부정의 묘약을 처방하지 않고 차원 높은 곳으로 지양하는 면모를 보인다. 우리나라에서는 골계, 배해라는 말과 같은 뜻이나 현재에는 주로 '해학'이라는 말을 사용한다.
우리나라에서 해학이 대표적인 예술로서는 김삿갓의 시와 고전수필류의 글, 그리고 판소리, 민화 등에서 잘 나타난다.
한국의 고전수필에 나타나는 해학성은 우리가 앞으로 연구를 해야 할 과제이다.

9. 농담이론

프로이트는 농담에 대한 이론을 아주 길게, 한 권의 책으로 풀어서 남겼다. 농담은 인간의 삶에서 아주 중요한 역할을 한다. 농담 중에도 흑색 농담은 남을 비꼬거나, 비난하는 좋지 않은 의미가 들어감으로 피해야 한다
재미를 주는 여러 기법을 살펴보았다. 그러나 반드시 기억해야 할 것은 위에 소개한 것들이 모두 긍정적인 역할만을 하

는 것은 아니다. 악의가 묻어 있어 부정적인 역할도 한다. 이런 경우는 수필에서 피하는 것이 좋다.

위의 여러 기법을 수필쓰기에 활용하면 수필을 쓸 수 있는 범위가 아주 넓어진다. 그러나 부정적인 면도 있다는 것을 잊지 말고, 내가 사용할 때는 몇 번을 검토해보는 것이 좋을 것이다.

*수필에 관하여 몇 가지 더

언어와 놀이

 언어로서는 모든 것을 말할 수 없다는 것이 일반적인 언어 이론이다. 그러나 전통적인 언어 개념은 언어와 대상은 동일하다고 보았다. 언어는 세계를 매개하고, 세계를 정확하게 반영한다고 보았다. 언어를 사용하는 우리는 자기도 모르게 이것을 믿고 있다. 그래서 언어는

 1. 단어는 개별적인 의미가 있다.
 2. 의미는 그 단어에 부가되어 있다.
 3. 단어의 의미는 단어가 지시하는 대상이다.
 4. 문장은 단어가 결합하여 만든다.
 라는 믿음을 가지고 있다.

단어가 의미를 가지려면 단어 자신과 단어가 매개하는 대상이 일치할 때이다. 그러나 우리가 사용하는 일상 언어는 언제나 '애매함'과 '모호함'을 꼬리표로 달고 다닌다. 경험하는 것과 언어로 표현하는 것 사이에는 차이가 있기 때문에 일상 언어가 대상과 단일한 지칭 관계를 갖는다고 생각하면, 그것은 환상이다.

단어가 문장에서 의미를 가지는 것을 보면 사전적인 뜻보다는 맥락에 의하여 의미가 결정되는 것이 일반적인 현상이다. '파란색'이라는 단어를 보기로 하자.

1. 이 파란색과 저 파란색은 같은가?
2. 하늘의 파란색을 파란색 그대로 그려내기가 힘든다.
3. 날이 개면 파란색 하늘을 볼 수 있을 것이다.
4. 보라, 이 두 파란색이 주는 느낌이 얼마나 다른가.
5. 저기 보이는 파란색 바지를 가지고 오너라.
6. 신호등의 파란색은 무엇을 의미하는가?
7. 이 파란색은 무엇을 뜻하는가?

우선 '1'의 문장에 나오는 '파란색'을 보자. 사전적 의미로서는 두 개의 파란색은 같다. 그러나 문장의 맥락으로 보아서는 두 개의 파란색이 다를 수도 있다. 이처럼 언어에는 모호성이 있다.

 위의 보기에 든 일곱 개의 파란색이라는 단어는 사전적인 뜻보다는 문장에 사용하는 맥락으로 읽어야 한다. 언어는 문장 속에 들어가면 아주 복잡한 의미의 그물을 형성한다. 언어의 망이라고 할까. 그물 눈의 하나, 하나에 의미가 담기기 때문이다. 그 의미도 대상을 콕 꼬집어 내는 것이 아니고, 유사성으로 설명하는 일이 많다. 그래서 가족 유사성이라는 말도 사용한다. 키와 얼굴과 몸세가 일치하지는 않지만 의미를 만드는 데 가족처럼 유사성을 지니고 있는 경우가 많다. 파란색은 그냥 파란색이라는 단순한 의미가 아니고 무엇을 상징하는 어떤 의미나, 지시 대상을 지칭한다. 따라서 문장에서 언어를 어떻게 사용하느냐에 의하여, 즉 문장 안에서 언어가 어떤 용도로 쓰였는가에 의하여 서로 다른 의미가 생긴다. 즉 언어 자체가 지니고 있는 의미란 존재하지 않는다.
 특히 문학에서는 언어 사용을 '유사성'의 의미를 많이 활용한다.

 다시 강조하면 언어에서 의미는 언어의 쓰임에서 발생한다. 따라서 언어를 어떻게 사용할까(쓸까)를 생각하는 것은 '놀이'와 같다. 우리가 글쓰기를 하면서 문장을 만들 때 문장에 사용하는 언어를 골라내는 것은 퍼즐판을 만들기 위해 퍼즐을 선택하는 것과 같은 놀이라고 보았다.

놀이라고 할 때는 규칙이 있다. 언어 놀이라고 한다면 언어 현상의 바탕에 '규칙성'과 '맥락성'이 있다. 문장에 사용할 단어를 가져와서 언어로 문장을 만들 때는 어떤 법칙이 있다. 문장으로 그림을 그려서 표현할 때는 필요한 '맥락'이 있다고 보았다.

미장이가 벽돌을 쌓으면서 필요한 벽돌을 조수에게 요구한다. 시멘트 벽돌 세 장이라고 말하면 조수는 시멘트 벽돌 세 장을 가져온다. 벽돌을 쌓는데 필요한 것들을 요구하면 그것을 가져다준다. 흰 벽돌이라고 하면, 흰색이 나는 벽돌을 가져다준다. 그러나 벽돌의 크기라든지, 배색이라든지, 벽돌 벽을 만드는데 필요한 규격의 벽돌을 사용해야 하고, 조수는 정확하게 가져다 주어야 한다. 왜냐면 목표로 하는 벽을 쌓기 위해서는 규칙이 있기 때문이다. 그래서 미장이가 요구하는 단어가 흰 벽돌 세 개라고 할 때, 크기라든지, 시멘트 벽돌인지 도기로 만든 벽돌인지를 말하지 않아도 벽돌 쌓기라는 맥락과 규칙에 적합한 벽돌을 가져온다. 벽을 쌓는 다는 것은 암묵적인 약속이고, 어떤 벽돌이 필요한지를 맥락으로 안다.

언어로서 문장을 만들고, 문장이 모여서 한 편의 글을 완성하는 것은 퍼즐로 퍼즐판을 맞추는 놀이와 유사하다. 비트겐슈타인은 언어 활동의 전 과정을 '언어 놀이'라고 말했다.

우리의 삶도 규칙으로 만들어지는 하나의 체계이다. 규칙에 해당하는 것으로 법, 제도, 윤리, 규범, 관습 뿐아니라 일상생활에서 지켜야 하는 소소한 규칙들, 교통질서라든지, 지하철에서 장애인이나 노인에게 자리 양보하기, 에치켓 등등이 있다. 엄한 것도 있고 느슨한 것도 있지만 이런 것들이 삶의 규칙이다. 언어의 규칙도 이와 같다. 이러한 규칙들이 삶의 형식을 만들고, 문장을 만든다.

무수한 언어들 중에서 하나의 언어를 상상한다는 것은 우리의 생활에서 어떤 하나의 삶의 형식을 상상하는 것과 같다. 언어가 그만큼 우리의 삶을 지배한다고 말한다.

언어를 사용하는 놀이에 동참하려면 언어의 문법을 따라야 한다. 언어의 문법은 한 문화권에서 오래 세월 동안에 걸쳐서 형성된다. 다시 후손들에게 전해지고, 전해지고 함으로 이어진다. 따라서 언어가 삶의 형식을 결정한다고 말한다.

언어의 규칙을 이해한다는 것은 그 규칙이 사용하는 맥락을 알고 있어야 한다. 언어의 맥락이란 단순히 언어의 소리, 기호, 단어, 문장의 기능을 안다는 것이 아니다. 구체적인 삶의 상황, 즉 삶의 형식에 자신을 일치시킬 수 있다는 것을 말한다. '언어로 말한다는 것은 삶의 양식의 일부를 드러내는 것이다.' 언어가 없으면 현실도 없다. 만약 어떤 문화권에서 희망, 후회라는 말이 없다면 현실에서도 희망, 후회라는 것이 없다. 현실 사회에 희망, 후회가 있을 때는 내가 그 말을 사용하지 않았더라도 그 단어가 사용되는 사회에서는 현실에서 희망, 후회라는 것이 존재한다. 이 때문에 문학의 문장에는 문장 밖의 의미를 은밀히 드러내므로, 뉴앙스라는 것을 풍겨준다.

언어 놀이에서 규칙을 따른다는 것은 하나의 규칙을 그저 만난다는 것이 아니고 그 맥락을 이해하고, 행한다는 것이다. 규칙이란 언제나 공적인 것이다. 그러나 각자가 체험하는 경험은 지극히 사적인 것이다. 경험을 언어로(발신자) 타자에게(수진자) 전할 때는 타자가 수긍할 수 있는 규칙을 지켜야 한다. 그러므로, 비트켄슈타인은 사적 언어란 원칙적으로 불가능하다고 보았다.

규칙이란 실천을 의미한다. 규칙은 놀이의 진행을 원활하게 하는 것이면서도, 놀이를 수행하는 사람을 규제하여 놀이가 일정한 방향으로 흘러가도록 한다.

그러나 규칙이 놀이의 진행에 걸림돌이 되면 규칙을 바꿀 수 있다.

언어의 총체가 인간의 삶이라면 언어는 인간과 삶과 깊은 연관성을 지닌다. 아이가 태어나서 처음으로 엄마와 관계를 맺으면서 '엄마'라는 말을 배운다. '엄마'라는 말을 배울 때는 엄마의 실제의 대상과 엄마라는 말은 동일하다. 그러나 '엄마 = 엄마라 불리는 대상'이 처음에는 동일하지만 시간이 지나면서 단순히 동일한 것만은 아니다. 아이는 문화로 가득 찬 사회 속에서 성장하면서 '엄마'가 갖는 여러 가지 의미를 익힌다. 엄마에게 내가 해야 하는 윤리적인 의미에서 엄마와 나를 관계 맺게 하는 여러 규칙을 배운다. 한국 사회라면 '부모에 대한 효'라는 규칙을 깊이 배울 것이다. 엄마라는 말은 그 대상을 넘어서서 엄마와 관계를 맺어주는 그 문화 속으로 들어가게 된다.

이제 우리는 사회 속에서 어머니를 대하는 태도부터, 자신과 엄마가 소속되어 있는 공동체 사회의 여러 규범을 습득한 후에는 '엄마'라는 말은 다양한 의미를 가지게 된다.

글쓰기를 다시 한 번 생각해보자. 우리는 일상의 삶을 살면서 나의 바깥에 있는 대상들을 끊임없이 만난다. 만날 때마다 그 대상은 나의 안으로 들어온다. 내 안으로 들어와서는 사유라는 과정을 밟으면서 본래와는 다른 모습으로 각색된다. 경험이라는 사적인 행위가 사색이라는 과정을 거칠 때는 문화를 만드는 모든 규칙들이 관여한다. 아주 짧은 순간이지만 사색을 거치면서 나의 경험은 다른 모습이 된다. 경험과 사색이 만들어 내는 모습이 바로 이미지이다.

이미지가 표출될 때는 언어라는 옷을 입고 나타난다. 언어는 의미를 나타내는 것 이외에 감각적이고, 정서적인 층이 또 있다. 언어로 표현한 작가의 글을 읽을 때는 글의 의미만을 받아들이는 것이 아니고 작가가 나에게 '다가 옴'을 감정적으로 느낀다.

결론적으로 언어의 의미는 고정되어 있는 것이 아니고, 결과를 예측을 할 수 없는 놀이처럼 '언어 놀이'를 통해서 얻어진다. 언어 놀이는 인간 삶의 형식(규칙) 속에서 이루어진다. 글쓰기는 삶의 형식에서 일어나는 언어 놀이이다.

수필쓰기도 언어놀이의 하나이다.

사이버스페이스(가상세계)로서의 수필

　나는 요즘 하루의 많은 시간을 컴퓨터 앞에 앉아서 보낸다. 컴 안으로 빨려들어 가서 이곳저곳으로 돌아다니며 경험을 쌓는다.
　옛날, 중국의 유명한 화가가 부잣집으로부터 그림을 주문 받았다. 그림을 완성한 화가는 벽에다 걸어두고, 그 앞은 비단천으로 가렸다. 부자 영감은 그림을 자랑하려 많은 감상객을 데리고 방으로 들어왔다. 화가는 그림을 가린 비단 장막을 걷었다. 산수화였다. 먼 곳의 산은 구름에 가려 흐릿하고, 눈 앞에는 마치 우리집의 앞산처럼 바로 눈 앞에서 나무가 우거진 산마루며, 언덕이 선명하다. 그 뒤로는 숲에 가려 틈틈이 기와지붕만 보이는 건물이, 흐릿하여 사원인지 누각인지 분명치는 않았지만 또 다른 세상으로 보였다. 먼 산에서 흘러오는 계곡물이 눈앞에 이르러서 배를 띄울 만큼 넓어진다. 개울물이 흐르는 골짜기를 따라서 꾸불꾸불한 길이 저 멀리 숲속으로 사라진다.

감상객들은 그림 앞에서 선경에 취한 듯 감탄하였다. 감상자들은 모두가 머릿속으로 이 세상이 아닌 다른 세계를 그리고 있었다. 화가는 뚜벅뚜벅 걸어서 그림 속으로 들어갔다. 개울따라 난 꾸불꾸불한 산길을 걸어서 숲속으로 사라졌다. 화가는 현실세계가 아닌 그림 속의 가상세계로 여행을 떠난 것이다.

내가 컴퓨터 속으로 들어간 것과 하나 다르지 않다. 컴퓨터 세계는 하이퍼텍스트로 촘촘하게 연결되어서 손가락만 까딱하면 무한 세계 속에서 멋대로 돌아다닐 수 있다. 그림 속에도 컴처럼 우리가 돌아다닐 수 있는 또 다른 세계가 있을까. 있다. 그러나 현실로서의 세계가 아니고 감상자가 상상으로 만든 가상세계가 펼쳐진다.

가상세계는 현실과는 다른 가상의 현실이다. 영화를 보거나, 책을 읽을 때 느끼는 세상이 가상세계이고, 가상현실이다. 이야기의 부잣집 주인처럼 그림을 감상할 때는 상상으로 상상의 세계를 경험하는 것이다. 상상으로 경험하는 세상이 바로 가상세계이고, 가상현실이다. 그림을 감상하는 사람이 상상을 통해 상상의 세계를 구경하였다면 바로 가상세계이다.

가상세계는 비현실적 세상이라고 한다. 그렇다고 하여 상상을 통해서 구경하는 세상은 자신이 경험하였던 현실의 세상을 재구성한 것이지 전혀 다른 세상은 아니라고 한다. 마찬가지로 내가 하루 내내 컴퓨터 안의 세계로 여행하여 만나는 세상도 나의 현실을 재구성한 것이다. 그렇다고 하더라도 현실 세계에서는 만날 수 없는 세상이다. 컴퓨터를 통해서 만나는 수많은 영상들이 사실은 '가상'이다.

현실은 내가 실재로 살아가는 공간 안의 세상이다. 공간이라면 입체적으로 나타나는 부피감이 있고, 그 부피 안에는 공기도, 나무도, 바위도, 집도, 움직이는 자동차도 있다. 내 삶이 만들어지는 장소이다.

가상세계도 현상이 일어나는 장소는 공간이다. 그러나 컴퓨터의 영상이 존재하는 공간은 우리가 살고 있는 현실의 공간이 아니고, 반도체를 비롯하여 다양한 부속 기기들로 채워져 있는 장소이다. 이곳에서 일어나는 일들은 가상 현실이고, 가상현실이 일어나는 이곳이 가상공간이 된다. 가상공간(사이버스페이스)은 어떤 물체가 자기의 용적만큼 자리를 차지하는 실재의 공간은 아니지만, 무엇인가가 존재하고 작동해서 마치 실재의 공간처럼 여겨지는 공간이다.

우리는 자연의 대상물을 알기 위해서 경험이라는 방법을 사용한다. 경험으로 알게 된 것은 사실이 된다. 또 사실에는 진실이 있다고 믿는다. 즉 사실은 진실이라는 것이다. 우리의 수필이론도 이러한 논리를 전제로 하여 만들었다. 사실을 다루자, 진실을 표현하자는 수필론이다. 철학자들은 경험을 의심했다. 우리가 경험한다고 하여 진실을 알 수 있을까. 철학자들은 알수 없다고 하였다. 경험이 사실이 아닐 수도 있다고 의심하면 우리가 의존하고 있는 수필이론도 흔들릴 수밖에 없다.

경험이란 우리의 감각기관을 통해서 이루어진다. 우리의 감각기관을 믿을 수 있느냐고 의심하면 경험도 가상이라는 주장이 힘을 얻는다. 감각기관에서 지각한 것을 머릿 속의 신경기관이 조합하여 경험이라는 실체를 만들어 낸다. 과학에 근거를 둔 설명이다. 지각하는 과정에서, 또 신경조직이 조합하는 과정에서 조작될 가능성이 많기 때문에 경험도 가상이라는 주장을 쉽게 버릴 수 없다.

우리가 육체적으로 경험한 사실을 머릿속에서 다시 조합하여 만들어지는 영상세계는 처음과는 다른 영상이 된다. 육체적으로 경험하였던 사실을 넘어선다. 인간이 육체적으로 존재하고, 생각하는 것을 우리는 다시 상상력을 동원하여 육체적으로 지각한 사실을 넘어선 새로운 존재를 만들어 낸다. 이것을 우리는 육체적 존재를 넘어선다고(초월) 말한다. 다시 말하자면 현실에서 벗어난다는 뜻이다. 상상력을 이용하여 육체적 경험을 탈출하면, 우리의 삶에 활력을 불어넣어 우리의 삶을 바꿀 수 있는 힘을 준다고 주장한다.

수필은 무엇을 쓰고 있는가. 육체적 경험을 그대로 옮겨 오는 것일까. 상상력으로 만들어 낸 새로운 세상을 표현하는 것일까. 우리가 현실세계에서 경험하여 만든 세계에 상상력을 발휘하여 새로운 경험세계를 표현하는 것이 수필이다.

우리가 인생이라는 직물을 짜내는 현실의 공간은 세 가지 정도의 특징을 가진다. 첫째는 '인생은 한정되어 있다.'는 거다. 한정된 인생을 다시 유년기, 소년기, 청년기, … 하는 시기 구분을 한다. 우리는 인생의 시기를 벗어날 수 없다.

둘째는, 우리 인생은 현실이라는 시간 속에 담겨 있다. 아무리 발버둥쳐도 시간을 벗어날 수 없다.

마지막으로 현실 세상에서는 생명을 가진 생명체라는 것이다. 생명의 한시성이(죽음) 우리를 옥죄고 있다. 생명이란 끝날 수 밖에 없다는 불안으로 긴장하게 한다. 인사말에 '몸조심 하라'는 것은 불안감이 나타나는 절박한 심정의 표현이다.

그림 속으로 걸어 들어가서 만나는 세계는, 즉 가상세계는 현실세계를 철학적으로 조명한 세계라고 한다. 현실세계와는 반대이고 대립하는 세계가 아니다. 둘 다 나에게서 파생되어

나온 세계이다. 나의 세계는 두 가지 방식으로 존재한다는 뜻이다. 현실의 세계와 상상의 세계로 존재한다. 요약하면 둘은 반대가 되는 세계가 아닌 나의 세계이지만 존재하는 방식이 달라서 두개의 세계로 나타난 것이다.

  이것은 수필작가의 문제만이 아니고, 수필을 평하는 자도 유의해야 할 문제이다. 수필세계를 그 사람의 전부인양 부정적으로 평하는 경우가 많다. 그러나 수필은 작가의 전부가 아니고 또 하나의 존재 방식일 뿐이다. 작가가 현실의 삶에서는 선택하지 않은, 상상력을 작용하여 만들어 낸 존재 방식일 뿐이다. 지킬 박사와 하이드로 이해하면 될까.

  가상세계라고 하지 않고 '사이버스페이스'라고 하면 인터넷을 떠올린다. 우리는 내 눈으로, 내 귀로 보고, 듣는 시대에 살면서, 인터넷 또는 미디어라고 하는 매개체를 통해서 세상을 보는 또 다른 시대에 살고 있다. 세상을 직접 파악하기 보다는 매개체가 보여주는 대상을 가지고 본질을 파악하려고 한다. 우리는 개개인이 자기의 눈을, 자기의 귀를 가지고 자기만의 방식으로 물체를 경험한다. 사람마다 경험이 다를 수밖에 없다. 개성적이라고 한다. 인터넷 매체를 통하여 이 사람도, 저 사람도 꼭 같은 경험을 하는 것과는 질적으로 다르다.

  사이버스페이스를 만들어 내는 것으로는 SNS도 있다. 요즘 젊은이들이 SNS로만 소통함으로 사회로부터 격리된 체 그들만의 세상에서 살고 있는 것이 오늘이다. 사회로부터 격리는 많은 사회문제를 야기하고 있다. 가상세계의 부정적인 일면이다. 적어도 가상세계가 현실세계에 해악을 끼쳐서는 안 된다.

컴퓨터는 모두가 동일하다. 획일적이다. 인공제품인 인터넷 매체는 코드화(규칙화, 규범화)되는 경향이 있다. 인터넷에서 지시하는, 일정한 규칙에 따라 표준적인 형태로 변환되어서 만들어지는 가상세계임으로 인위적이다. 이런 형태로 우리의 감각기관 앞에 나타난다. 우리는 자신도 모르게 인위적으로 규범화한 세계 속으로 빠져버린다.

수필작가가 쓴 수필의 세계는 작가의 세계이다. 그러나 작가의 현실세계를 그대로 옮겨 온 것은 아니다. 감각기관을 통하여 지각한 경험세계에 상상력을 동원하여 재편한 세계이다. 수필은 작가의 육체적 경험세계와 그 경험을 작가의 정신이 해석한 내용이 결합하여 만들어 낸 가상세계라고 할 수 있다. 이런 세계를 환상이라고도 부른다. 가상세계는 경험을 뿌리로 하여 만들어졌으므로 경험의 한 종류라고도 할 수 있다. 가상 세계라고 하여 현실과는 정 반대가 되는 세계는 아니다. 이런 이유로 가상세계는 현실세계와 서로 비교를 함으로서 존재한다.

우리가 현실세계와 가상세계를 구분하는 방법 중의 하나는 시간이다. 시간의 지배를 받으면 현실이고, 시간의 지배에서 벗어나면 가상이다. 시간의 지배를 벗어나는 것에는 '진리'가 았다. 진리만큼 엄중하지는 않지만 같은 부류에 속하는 것으로 '진실'이라는 것도 있다. 일반적으로 철학이 진리를 탐구한다면 수필은 진실을 담아낸다고 한다. 진실을 담아내고, 시간의 속박에서 벗어나는 가상세계는 환상이 만들어 낸 세계이기도 하다. 이런 규정에서 보면 수필도 환상의 범주를 벗어나지 못한다.

가상 세계에서는 현실을 그대로 재현하는 것이 아니고 상상력의 힘을 빌려 현실을 변형한다. 변형이 일어나는 과정을 보면 먼저 몰입이 있다. 몰입이란 경험하는 사실을 현실감을 가지고 탐색하는 것을 말한다. 다음은 대상에 공감하는 환상을 가진다. 대상에 상상력을 작동하여 환상의 세계를 만들어 낸다. 환상의 세계는 유토피아적 환상과 디스토피아적 환상이 있다. 우리 수필에서 흔히 만나는 가상의 세계는 고향, 유년시절 등의 유토피아적 환상세계이다. 유토피아가 '존재하지 않는다'라는 뜻이듯이, 수필세계에 나타나는 즐거웠던 지난날의 이야기는 사실로는 존재하지 않는 환상인 수가 많다.

고향의 친구를 그리워하고, 그때의 유토피아적 세계를 그렸다고 하여 수필평에서 이것은 현실에서는 존재할 수 없는 환상일 뿐 거짓이다. 라고 평한다면, 좋은 평이라 할 수 없다. 가상세계라 하더라도 유토피아적 환상은 현대사회에서 점차 상실되어가는 인간관계를 회복시켜주는 역할을 한다고 말한다. 공감적 환상은 많은 사람이 함께 가지는 환상이다. 공감적 환상은 현대의 산업사회를 살면서 전통적인 삶에서 벗어남으로 잃어가고 있는 우리의 집단 정체성을 되살려주는 효과가 있다고 하였다. 현대를 사는 사람들이 가지는 공감적 환상은 많은 사람이 옛날과는 바뀐 생활을 함으로 과거의 전통에서 벗어나서 새로운 정체성을 만드는 데 도움을 주는 효과가 있다고 하였다.

수필쓰기에서 내가 중요하다고 생각하는 것에는 이것도 있다. 소재에서 자기가 드러내고 싶은 의미를 좀 더 선명하게 하기 위해서 구성하여 글을 쓴다. 내가 쓴 글의 전체적인 이미지가 현실세계와 다르다면 구성에서 조작한 것이다. 구성에는 조작의 의미가 들어있다. 구성이란 것은 어떤 의미에서는 현실세계를 작가의 의도에 맞도록 조작하는 것과 다르지 않다. 수필이 사실을 강조한다고 하여 현실을 사진처럼 재현하는 것은 아니다. 구성 또는 조작의 과정을 거치면서 수필을 내가 의도하는 고급 담론으로 이끌어 간다.

육체적인 요소(경험)를 정신적인 요소(담론으로)로 조작함으로 현대를 사는 우리가 인간으로서 어떻게 하여야 하는가를 생각하게 해준다. 눈만 뜨면 하이퍼텍스트들(인터넷 매체에서 얻는 수많은 정보들)을 만나고, 기계 없이는 살아가기 힘든 사이보그 시대에 살고 있는 우리의 정체성은 무엇인가, 등등의 문제들이 우리 앞에 산더미처럼 쌓여 있다. 수필이 단순히 회고조의 타령에서 고급 문학으로 나아가도록 길을 닦아야 문학의 변두리에 머물고 있는 수필을 본류에 편입시킬 수 있다.

우리는 기술이 만든 복잡다단한 세상에서 살아가고 있다. 기술이 만든 인공 현실은 우리에게 편리함, 편안함, 쾌락을 선물하였다. 우리가 수필에서 회고담의 글을 쓰면서 유토피아적 환상에 빠져 탈출하려고 노력하지 않는다면 환상이라는 마약에 중독되어 허우적거리는 꼴이다. 현실과는 확연히 다른 가상세계에 빠져서 현실을 바로 보지 못한다면, 이것이 바로 혼돈이라고 철학자들이 경고한다. 내가 말하는 가상세계는 회고담을 말한다. 우리가 쓰고 있는 수필형식이 과거를 회고하는 형식이 거의 90%라고 하니, 지금의 우리 수필도 가상세계를 그려내는 것이라 하겠다. 다만 기술이 만든 가상이 아니고, 우리의 신경조직이, 기억-회상이라는 심리의 작동으로 만들어내는 가상세계라 하겠다. 회고담 형식의 가상세계는 우리에게 쾌락을 선사함으로 마약처럼 중독성을 가진다.

중독성에 빠져나오지 못하면, 즉 수필이라면 으레 지난 나의 날을 감성적으로만 표현한다며 우리 수필은 문학의 변방에서 헤어나지 못 하리라. 이것이 혼란이고, 혼돈이다. 우리 수필은 이제 혼돈과 혼란에서 벗어나야 한다.

좀 더 설명하자면 과거의 회상에 빠져서 감성적인 즐거움을 추구하는 글을 뜻한다.

수필쓰기는 결국 나의 경험을 바탕으로 하여 가상세계를 그려내는 작업이라 하겠다. 그렇다면 나의 경험에서 만든 가상세계를 보다 넓게 확장하는 방법은 없을까. 아주 쉽다. 우리는 현대기기가 만들어 준 하이퍼링크를 이용하여 수많은 가상세계와 접속할 수 있다. 인터넷 접속으로 만나는 세계도 나의 경험이 된다. 하이퍼링크로 접속하면 눈깜작할 할 사이에 수많은 전설적, 역사적, 학문적 경험들이 내 앞에 나타난다. 이들을 나의 경험으로 차용하여 나의 수필세계를 만든다.

이것은 나의 경험을 확장하는 방법이다. 내가 '아주 쉽다'라고 한 말은 쉽지 않으니 노력하자는 말을 역설적으로 해 본 소리이다. 인터넷에서 만나는 경험을 나의 경험으로 확장시키기 위해서는 노력하고, 공부해야 한다. 왜냐면 현대 과학기기는 학자들이 머리를 싸메고 연구한 결과물이다. 그런 기기를 이용하려면 우리도 역시 공부해야 한다. 수필을 쓰는 작가는 노인세대가 많다. 그래서 아예 공부할 생각은 않는다. 옛날의 방식에 매몰되어서 옛날 방식대로만 글쓰기를 한다. 탈출의 기미가 보이지 않는 만큼 수필의 앞날도 암울할 수밖에 없다.

  나는 문재인 정부 시절에 평범한 시민이라고 소개된 진인 조은산이라는 사람이 청와대 국민 청원 홈 페이지에 올린 '시무 7조 상소문'은 아주 좋은 사례라고 생각한다. 시무 7조는 우리 시대 사람의 누구도 경험하지 못하였던 조선시대의 역사적 사실일 뿐이다. 우리도 조은산처럼 하이퍼링크를 통하여 수많은 역사적 사실들을 만나서 자신의 경험으로 만들고, 조은산처럼 이들을 나의 경험 사실로 확장하여 수필 글을 쓸 수 있다. 이런 것이 사이버스페이스의 글쓰기라고 생각한다. 우리가 본 받을 가치가 있다고 생각한다.

수필을 키치화 하자

　나는 마광수 선생이 살아 계실 때 통화를 한 일이 있다. 그분의 주장은 우리 문학이 엄숙하고 경건주의에 빠져서 너무 무겁다는 것이다. 사회적 문제를 일으킨 그의 글들은 우리 문학도 좀 가벼워지자는 의도였다고 하였다. 그의 말이 우리의 문학을 얼마나 정확하게 꼬집었는지는 모르지만 나는 그의 말에 공감했다. 문학 대신에 수필이라고 하면, 딱 들어맞는 말이 아닐까.
　문학은 문자-활자를 매개로 하는 예술의 한 장르이다. 역사적으로 문자는 지식의 상징물이었고, 문자를 사용할 수 있는 사람은 그 시대의 상류층을 형성하는 엘리트들이었다. 이런 이유로 문학이라고 하면 고급 예술이라고 믿었다. 엘리트 계층이 문학에서 가지는 미적 특성을 '문학성'이라 하였고, 문학을 향유할 수 있다는 것은 그들의 우월성을 나타내는 척도가 되었다.

그러나 산업사회가 되면서 상업성이나 시장성이라는 말은 일반 사람들의 보편적 기호를 말한다. 문학이 자본주의의 시장을 기웃거리면서 대중문화 쪽으로 얼굴을 내밀자 문학은 문학성/대중성이라는 이분법으로 분류하기 시작했다. 베스트셀러라고 하면 무조건 문학성을 지닌 고급 문학이냐는 것을 두고 시비가 일어나기도 했다. 아무리 문학성을 주장하더라도 결국은 시장의 법칙에 종속되어 시장의 밖으로 벗어날 수 없었다.

문학이 사장을 벗어나지 못한다면 대중문학의 가치 평가를 새롭게 해야한다. 문학성/시장성이라는 이항 대립의 방법이 아닌 새로운 평가 방법이 필요해진다. 문학을 문학성/대중성으로 구별하여 고급문학과 대중문학으로 나눔으로 수필작가가 잃는 것은 무엇이며, 얻는 이득은 무엇일까.

문화산업이 발달하면서 대중문화가 나타났다. 대중문화를 문학의 관점에서, 미학의 관점에서 설명하고, 해석해야 할 일이 시급해졌다. 수필가들은 이 문제에 대해서 어떻게 대응하였는지 궁금하다.

각종 미디어들이 우리의 생활 속에 깊숙이 파고 들었다. 미디어가 없는 생활은 우리를 불편하게 해주었다. 공기와 물은 우리의 생존에 필요불가결하면서 존재를 느끼지 못하는 자연이듯이, 미디어가 우리의 생활에 너무 단단하게 밀착되어서, 이 역시 생활에 필요불가결한 하나의 자연이 되어 버렸다.

각종 미디어들이 대중문화를 쏟아낸다. 대중성은 '키치'라는 새로운 문화용어를 만들었다. 키치가 탄생한 배경에는 대중성에 대한 경멸의 의미가 있었다. 그렇더라도 키치는 근대화의 중요한 산물로서 근대화의 한 부분이 되었다.

오늘날 대중문화가 확대된 배경에는 산업사회화와 중간계층이라는 부르주아지의 성장과 확충이 있었다. 대중문화는 부르주아지와 발을 맞추어서 성장하였다. 이때 키치가 나타났다. '미적'이라는 용어가 엘리트 계층이 누리는 정신적 쾌락을 말한다면, 키치는 부르주아지의 미적 향유와 관계를 맺으면서 미적 질서에 들어간다. 키치를 '미적'의 범주로 받아들인다면 엘리트 계층이 누려야 하는 미적 향유의 범위가 넓어진다. 키치가 쉽게 파고들 수 있는 일반대중들도 키치를 통해서 에리트의 미적 향유를 함께 누릴 수 있게 된다.

일반 대중이 즐겨하는 키치가 '미적'인 것이 되면 키치는 다른 대중 상품처럼 대량생산 되고 수용할 수 있게 된다

문학의 변두리를 떠도는 수필은 키치적 속성을 가질 수 있는 분위기인데도, 대부분의 수필가들은 수필이 키치화 되는

것에 불쾌해 했다. 우리나라에서 근대 수필이 탄생한 시대를 1930년 대로 본다. 시나 소설을 쓰는 문인들, 또는 신문이나 대학에서 일을 하는 지식인들이 소일 삼아 쓰는 글로서 태어났다. 그러나 글을 쓰는 사람들이 엘리트 의식을 가진 사람들이어서 자기의 글이 대중성을 지닌다는 것에 거부감을 가졌다. 대중성이란 말은 싸구려 로 인식했기 때문이다. 그들은 여가로 문인화를 그린 선비의 계층으로 생각했을 것이다. 그래서 그들이 쓴 글이 저급한 글이 되는 것을 싫어하였을 것이다.

우리나라가 대한제국을 거치면서 서양의 교육제도를 도입하였다. 1930년 대까지 많은 소학교와 중등학교가 설립되면서 한문의 엘리트 교육에서 소외되었던 많은 사람이 신교육의 혜택을 누리고 지식 업종에 참여했다. 관료로, 여러 학교의 선생님으로, 그리고 매스컴의 기자로, 작가로 시인으로 활동했다. 이들의 출신 성분을 보면 거의가 부루주아지로 분류할 수 있는 계급에 해당한다. 이들이 쓴 글은 대중성을 지니고, 키치화하는 것이 이상할 리도 없지만, 수필 글은 교시문학이라 하여 교훈적인 글이 대부분이었다. 아니면 예전의 선비들이 쓴 글처럼 은일과 여유를 즐기는 글들이 작가의 인품을 나타낸 것이라 하여, 그들은 매화를 즐기고, 송죽의 꿋꿋함을 찬양하는 류의 수필이 주류를 이루었다.

근대 수필이 태어난 일제 강점기에는 우리나라의 문화 엘리트들이 선비 문화의 문인화풍에서 벗어나지 못한 것도 원인일 것이다. 추사가 기세등등했고, 서예와 사군자가 교양의 방편으로 애용하였다. 이때, 엘리트 계층이면서, 부르주아지에 해당하는 분들이 수필을 썼다. 그들의 출신 신분으로 본다면 대중성이 짙은 글을 쓸 수도 있었어야 했을텐데, 그들은 대중성을 낮추어 보았고, 소위 문학성을 강조했다. 수필가들이 선비 문화의 허위 의식에 푹 젖어 있었으므로 수필은 태생적으로 키치적 성격을 지니기가 어려웠다. 지금까지 나타난 수필 이론을 다른 문학 장르의 이론과 비교해보면 보수적 논리를 가장 많이 지키고 있다. 문학의 공간은 엄청난 변화를 겪고 오늘에 이르렀다. 수필은 그 공간에서 헤엄치고 다닐 준비가 되어 있지 않고, 준비도 하지도 않았다. 지금도 하지 않는다.

내가 수필을 배웠던 8-90년 대에도, 수필은 경건하고 품위 있는 글이거나 도덕주의적 글이어야 했다. 고등학교 교과서에는 김규련의 '거룩한 본능'이 실려 있었다. 그렇지 못한 글을 썼다고 하여, 인품까지 들먹이는 평을 들은 일도 있었다. 그때도 나는 수필평자가 말하는 방식의 글을 사람들은 읽지 않는다는 사실을 알았지만, 그래도 수필은 이렇게 교시적인 글을 써야 한다고 생각했다. 더더군다나 독자들이 즐겨 읽을 수 있는 방식의 글을 쓰려면 어떻게 써야 할지를 몰랐다. 나는 지금도 모르고 있다.

수필이 변두리 문학으로서 설움이 깊어서인지 대중문학으로 추락할까 하는 두려움이 있는 듯했다. 그러나 독자들이 수필을 왜 외면하는지에는 깊이 생각하지 않는 듯하다. 오히려 요즘은 사람들이 책을 멀리한다면서 독자의 탓으로 돌리면서 여전히 독자들이 외면하는 글을 쓰고 있다.

이제는 소외를 벗어나려는 시도를 해보아야 할 것이다. 수필의 키치화도 하나의 방법이 되지 않을까를 생각해본다.

그렇다면 키치란?

키치(Kitsch)는 미학에서 보기 괴상한 것, 저속한 것과 같은 사물을 뜻하는 미적 가치이다. 현대 문화에서 키치는 패션과 영화, 광고 등의 대중문화에서 하나의 주요한 속성으로 인정받고 있다.

키치라는 단어는 19세기 후반기에 뮌헨을 찾았던 미국인 관광객들이 싸구려 그림을 사려고 했던 데서 유래한다고 한다. 여기에서 손쉬운 미적 경험을 갈망하는 구매자들의 시시한 작품들을 뜻하는 키치라는 용어가 나왔다.

키치라는 말은 '거리에서 쓰레기를 모으다'라는 뜻도 있고, '가구를 골동품처럼 보이게 만들다', '싸게 팔다'라는 뜻을 가지기도 한다.

한국에서 키치는 이발소 그림과 동의어였지만, 시대가 지나면서 자본주의 문화, 나아가 삶의 방식을 포괄하는 개념으로 확장되었다. 우리 수필도 이에 발맞추어서 키치적 요소도 수용하자고 말하겠다.

사실과 진실은 어떻게 다를까

 사실과 진실을 구분하지 못하면, 수필쓰기에서 '사실보다 진실을'이란 말은 말장난이 되기 쉽다.
 수필과 소설은 같은 산문문학임으로, 이를 구분하기 위해서 수필은 사실을 써야 한다며, 사실을 많이 강조하였다. 그러나 사실과 진실이 어떻게 다른가를 구분할 수 있어야 수필을 이해할 수 있다.
 지금까지는 수필을 말할 때는 사실성을 아주 많이 강조한다. 사실이 아니고 허구의 글이라면 소설과 장르 구분이 안 되기 때문이다. 그렇다면 수필을 올바르게 이해하기 위해서는 '사실'이 무엇인가를 알아야 한다. 요즘에 와서는 왜 사실보다 진실을 강조하는 지를 이해하여야 한다.

여러 문헌 자료에서 사실에 대한 해석을 이렇게 하고 있다. 사실(事實)은 실제로 존재하는 무언가, 또는 확정된 평가의 표준에 관련하여 유효한 무언가를 가리킨다.

일상적인 의미에서 사실(fact)이라고 부르는 것에는 두 종류가 있다.
1. 실제로 일어났거나 현재 진행 중인 사건을 가리키는 의미의 사실이다.
예1) 지구는 여전히 태양을 돌고 있다.
예2) 대한민국은 삼면이 바다로 둘러싸인 반도국이다.
이는 실제로 일어났던 세상의 일을 진술한 것이다. 존재했던(과거) 혹은 존재하는(현재) 혹은 존재할(미래) 사태 자체로 참과 거짓이 결정된다. 우리가 그 사태에 대해 어떤 믿음을 가지든, 그 믿음과는 무관하다는 것이다. 갈릴레이가 재판에서 자신의 주장을 번복했지만, 지구는 갈릴레이의 번복과는 아무런 관계없이 태양을 돌고 있다. 갈릴레이가 어떤 생각을 하던, 재판관이 태양이 지구를 돈다고 믿든, 지구가 태양을 돌고 있는 실재의 일은 자체가 사실이다.
말하자면 내가, 즉 글을 쓰는 작가가 어떤 생각을 하고 있던 실재로 일어나고 있고, 또 존재하고 있다면 그것을 사실이라고 보았다. 우리가 사실을 그대로 인지할 수 있느냐고 하면 어느 누구도 부정할 수 없는 실재로 존재하는 것이어야 사실이 된다. 만약에 우리가 사실을 그대로 인지하지 못할 때는 내가 아무리 사실이라고 믿더라도 사실이랄 수가 있느냐는 것이다. 수필에서 사실이라고 할 때도 우리의 믿음과 실제의 사실과의 관계를 어떻게 정립하여야 하는가의 문제가 생긴다.

2. 관찰이나 경험 등을 통해 참이라고 믿을 수 있을 만큼 확립된 내용이라는 의미의 사실이다.
예) 재판과정에서 특정 피고인의 무죄를 법률적 사실로 확정하는 과정에서 볼 수 있다. 그러나 어디까지나 현재로서는 사실이다. 라는 뜻이다.
– 이것은 현재는 사실이지만 나중에 잘못된 것으로 판명될 수도 있다. 갈릴레이의 재판에서 보듯이 사실과 달리 오류의 가능성이 있다. 형사재판에서 범인으로 인정되어 형이 확정된 후에 범인이 잡히는 경우도 많다. 사실을 확인하기 위해서 꼼꼼이 따지는 재판이라는 과정을 거치고 나서 결정한 일도 사실이 아닐 수 있다.

글쓰기를 하는 우리에게 문제가 되는 것은 실재의 사실과 사실이라고 믿음으로 오는 사실은 개념적으로는 구별이 가능하지만, 실제 상황에서는 구별하기가 어렵다. 또한 우리가 신이 아닌 이상 사실을 오류가 없이 확실하게 알 방법은 없다. 여기서 우리가 사실의 오류를 줄이기 위해서 관찰이나 경험 등을 통해 얻은 사실성을 가지고 실제로 일어난 사건을 추론하여 사실 여부를 결정한다. 사실이라고 믿었던 일이 새로운 증거가 나타나서 사실이 수정되면 그때까지 받아들여지던 사실을 거짓이 되고 새로운 사실을 진짜 사실이라고 바꾸기도 한다.

'우리는 전지전능한 신이 아니므로 사실이 어떠한지를 오류 없이 알아낼 방법이 없다.' 우리가 할 수 있는 최선의 방법은, 우리가 사실을 판단하여 확정할 때마다 그때그때에 이용이 가능한 모든 증거들을 가지고 균형 잡힌 시각을 최대한 활용하고, 고려하여 실재로 일어난 사실이라는 것을 추론해내려고 노력하는 것이다. 이 방법은 일반적으로 과학에서 사용하는 방법이다. 과학에서도 막스 플랑크와 아인슈타인 등의 물리학자가 만들어 낸 양자역학이 등장하면서 우리가 사실로 믿었던 뉴턴역학이 사실이 아니게 되었다.

수필에서도 사실을 확정하기 위해서 이런 방법을 사용해야 할까? 그러나 수필쓰기는 과학과는 다르다. 수필쓰기를 하면서 과학처럼 이성적이고, 논리적으로 사실을 추구하지 않는다. 그렇다면 지금, 우리가 쓰는 수필의 내용이 사실이 아닐 수도 많을 것이다.

사실은 과거, 현재, 미래에 걸쳐서 세계가 존재하는 방식에 의해 결정된다. 우리는 사실을 오류 없이 파악할 수 있는 능력을 갖추지 못하였다. 때문에, 우리에게는 사실이기보다는 사실의 가능성으로만 보일 것이다. "대한민국은 삼면이 바다로 둘러싸인 반도국이다."라는 명제는 지금은 사실로 받아들여지지만, 베게너의 판 구조론에 의하여 오랜 시간 후에 대한민국이 대륙국가 또는 섬이 될 수도 있다는 가능성이 있기 때문에, 앞의 명제도 사실의 가능성이 있다는 것으로만 보일 것이다.

수필과 소설을 구분하는 잣대로 삼는 '사실'이 무엇이냐에 대해서는 위에서 사례를 보았듯이 정의를 내리기가 어렵다. 그런데도 사실 여부는 수필과 소설을 구분하는 가장 중요한 잣대가 되어 있다. 어쩌면 우리는 무엇이 사실인지도 모르면서 사실이라는 잣대를 마구 휘두르고 있는 것은 아닐까?

어쩌면 수필에서 사실을 말할 때는 사실(事實)보다는 사실(寫實)로 표현하는 것이 더 맞는 말일지 모른다. 왜냐면 사실(寫實)은 실제로 있었던 일을 솔직하게 그려낸다는 뜻이기 때문이다. 문예이론에 생각을 언어로 바꿀 때는 이미 왜곡이 일어난다고 하였다. 다시 말하면 자신의 뜻을 언어로서는 정확하게 표현할 수 없다. 우리는 수필쓰기를 하면서 사실(事實)에 편집광적으로 집착하는 경향이 있다. 앞에서 살펴보았듯이 사실이라고 해도 사실이 아닐 수 있다는 맹점을 지닌다. 뿐만 아니고 사실이란 우리가 사실이라고 믿는 것일 뿐이지 허구일 가능성이 많다. 사실보다는 엄격성에서 조금 느슨한 진실이라는 것을 살펴보자.

1980년대의 미국에서 '명백한 진실'이라는 월간지가 820만 부가 팔렸다. 이 잡지는 뉴욕 타임즈지 보다 230만 부나 더 팔린 부수라고 하였다. 책의 제목처럼 '진실'을 말해주겠다는 약속이 대중의 마음을 사로잡았다. 그런데 진실 앞에 왜 '명백한'이라는 수식어를 붙였을까.

우리는 이 세상에 진실이 존재한다고 믿는다. 그러나 진실의 내용은 모른다는 것이다. 진실이라는 것은 수학의 셈법처럼 단순하게 정답이 나오는 것도 아니고, 또 그렇게 단순하지도 않다. 따라서 진실을 '분명한'이라는 뜻으로 말할 수 없다. 심지어는 우리 세상에 진실이란 아예 존재하지도 않는다는 주장을 하는 사람도 있다. 이처럼 진실에 대하여 다양한 의견들이 있다.

진실은 태양을 도는 지구처럼 객관적인 실체가 있는 것이 아니다. 당신이 생각하는 진실 또는 내가 생각하는 진실은, 진실이라고 여기는 것이 있을 뿐이다. 이제 다시 진실에 대해서 질문을 하면 '진실은 무엇이다.'라고 답을 내리는 것이 아니고 진실이 어떤 것이라는 것은 누구에 의하여 만들어진다고 보아야 한다.

　그러나 우리가 진실의 내용을 모르기는 하지만 진실이 존재한다는 사실만큼은 알고 있다. 사실을 다루면서 우리가 사실을 잘못 알고 있더라도, 사실이 존재하는 것과 같다.

　진실을 발견하고, 파악하고, 설명하고, 입증하는 일은 매우 어렵다. '나는 진실을 알고 있다.'라고 주장하는 일은 불가능하다. 1980년 대에 미국 독자에게 그처럼 인기가 높았던 잡지인 '명백한 진실'은 명백한 진실을 하나도 제시하지 못했다. 이 책은 기독교 복음주의자인 허버트 암스트롱이 창설한 교단인 기독교의 한 종파의 대변지였다. 암스트롱은 자신이 만든 교단에서 전횡을 일삼았다. '명백한 진실'이 말하는 진실은 기독교 복음주의자인 암스트롱의 편견이었다. 그런데도 미국인은 환호했다. 김어준의 뉴스광장이라는 방송에서 진실이라면서 내보내는 소리에 문빠들이 환호하는 거나 같다. 우파 유투브 방송도 마찬가지이다.

　우리는 진실이란 것을 입증하지 못 하였는데도 진실이란 말에 환호하는 것은 진실에 대한 갈망이 아주 높다는 것을 보여준 사례이다. 우리가 당면하고 있는 문제는 진실이 무엇인가가 아니고 진실이 '어떻게' 그리고 '누구에' 의하여 확립되었는가 이다.

　(진실사회. 줄리언 바지니. 오수원 역. 서론. 예문아카이브.

2018)에서

　오늘에 와서는 진실은 훨씬 더 복잡하다. 안개가 자욱하게 둘러싸고 있어 실체가 모호하다. 그렇다고 하여 보이지 않을 뿐이지 폐기된 것은 아니다. 아직 진실은 살아있다고 분명히 말할 수 있다. 진실과 거짓을 구분하기가 어려워졌을 뿐이다. 진실은 고정되어 있지 않기 때문에 진실과 거짓을 구분하기가 어려워진 것이다. '이 우주에서 변하지 않는 유일한 진리는 모든 것이 변한다는 것이다'라는 것이 진실이다. 그렇다면 우리는 진실을 진리 쪽으로 설명하려 하지 말고 '솔직'으로 해석하면 작가에 의하여 확립된 솔직함이 된다.
　나는 수필쓰기에서 우리가 사실이라는 틀 속에 갇히어 부자유스러워하는 대신에 진실을 주장하려고 한다. 수필쓰기에서 명백한 진실을 제시하는 일은 불가능할지라도 진실을 찾아가는 과정을 솔직하게 보여주자는 것을 주장한다. 진실을 갈망하는 독자는 대단히 많다. 우리 수필은 독자의 갈망을 해소해주는 방향으로 나아가기 위해서 진실은 여전히 중요하다. 그러나 진실이라고 믿는 내용은 다양함으로 독자와 작가 사이에는 공감대도 형성하지만, 또 서로 다른 힘이 마찰을 일으킬 수도 있다. 지금까지의 수필이론에서는 독자의 공감을 불러올 때를 잘 쓴 수필이라고 평해 왔다. 서로 다른 힘이 부딪힐 때 나타나는 충돌음도 공감에 못하지 않는 의미가 있다. 충돌은 공감이나 다름없는 관심의 표현이기 때문이다.

위의 예시에서 보았듯이 진실은 하나의 정답이 없으므로 수필가가 글을 쓰기에는 진실을 추구하는 것이 사실성에 사로잡히는 것보다는 훨씬 더 자유롭다. 왜냐면 진실이라고 할 때는 작가가 무슨 생각을 하고 있느냐에 중점을 두는 것이지, 그 생각이 정답이라는 것에 중점을 두지 않기 때문이다. 이제는 수필가는 사실(事實)보다는 사실(寫實) 그리고 진실을 추구하는 방향으로 글쓰기를 하자는 주장을 하겠다.

오래 전에 내가 쓴 수필의 한 부분이다.

"거동이 불편하여 휠체어에 앉은 채 막내딸의 도움으로 찾아오는 팔십 할머니가 계신다. 말이라고는 도무지 없다. 진료가 끝나도 막내딸은 돌아갈 생각도 않고 긴 하소연을 늘어놓는다. '남의 집에 셋방살이 하는데'로부터 '선생님, 저도 공장에 일하러 다니거든요, 그런데 엄마는 한사코 우리 집에만 있으려고 해요.'…… 침묵 뒤에 '언니는 자기집도 있고…….' 다시 말을 끊는다. '오빠는 시골에서 잘 살고 있어요.' 하소연을 듣다보면 끝이 없다. 나는 그냥 '그렇습니까.'만 반복할 뿐이다.

할머니는 아무런 표정없이 맞은 편 벽만 바라본다. '오빠 집에 모셔다 드리려고 하면 할망구가 아침부터 밥도 먹지 않아요. 그런 날은 집밖으로 나가려고도 하지 않고, 오늘도……. 너무 불쌍해서.' 막내딸은 목이 메여 말을 잇지 못한다. 그런데도 할머니는 미동도 하지 않는다.
  나는 웬지 막내딸의 하소연보다도 할머니의 말 없음에 가슴 아팠다. 나는 '그렇습니까'라는 말도 더 이상 할 수 없었다. 할머니의 말없음 속에는 세월에 묻혀 용해된 숱한 소리가 가라앉아 있을 것이다.
  막내딸은 '엄마, 제발 좀 아프지 마라.'라며 짜증스럽게 말하였지만 내 귀로는 엄마에 대한 사랑과 연민을 들을 수 있었다. 그것이 딸의 진실이다. 그들이 나가자 진료실은 다시 조용해졌다. 나는 창너머로 고개를 돌렸다. 이층인 진료실의 창 밖에는 은행나무의 잎이 노랗게 물든 체 바람에 흔들리고 있다. 창문에 막혀서 소리는 없지만 한 잎씩 떨어진다. '오직 선한 당신에게 즐거운 마음으로 돌아가려 한다'는 오페라 음악소리가 마음에서 들려온다. 그리고 할머니와 딸이 겹친다."

- 이동민의 수필 '소리없음에'의 부분

  이 수필은 작가가 진료실에서 겪었던 일을 그림 그리듯이 묘사했다. 작가의 눈에 비친 모습을 그대로 표현하였음으로 사실(寫實)이다. 그러나 작가의 표현이, 또 작품 속에 등장하는 딸의 말이 사실(事實)인지 아닌지는 모른다. 그러나 이 작품에서 이야기의 전개는 사실(事實)이라고 믿고 서술되었다. 사실(事實)이라는 전제가 있어야 독자에게 감동을 주기 때문이다. 그러나 작가가 사실이 아닌 것을 사실인 듯이 거짓말을 한 것도 분명 아니다. 작가가 거짓말을 하지 않았기 때문에 소설과 구분이 된다. 독자도 작가가 거짓말을 하지 않는다고 믿기 때문에 수필작품으로 인식하고 읽는다.

　이 수필이 독자에게 감동을 준다면, 작가의 행위가 감동의 이유가 아니다. 3인칭 인물인 딸의 진술 때문이다. 딸은 작가도, 독자도 아닌 제 3자이지만 이 수필에서 핵심적인 역할을 한다. 작가는 딸의 말을 독자에게 전달하는 역할을 작가 자신의 언어표현 기법으로 한다. 딸이 '할망구 어쩌구 저쩌구'라는 말은 사실이지만, 엄마를 사랑한다는 '진실'을 읽을 수 있기 때문이다. '딸의 말이 진실 또는 진정성을 담고 있다.' 작가는 그렇게 생각하였다는 또는 판단하였다는 것이다. 진(眞)이라고 하면 사유를 통한 인식에서 얻어진다. 인식은 이성적이고 논리적인 판단으로 얻어졌다면 철학적이 된다. 그렇다면 이 작품은 명제적 진실을 담았다고 할 수 있을까? 진실이 담겨있을 수는 있지만 진실을 찾아가는 과정이 이성적이고, 논리적인 판단에 의한 것이 아니고 감성적으로 접근하였으므로 명제적 진실이라고 말하기는 어렵다. 감성적 인식에 의한 미(美)의 추구이다. 감성적 인식이 미의 개념이다. 수필은 감성적 인식을 전제로 하는 예술의 한 분야이다.

*라쇼몽의 내용을 옮겨 온다.
라쇼몽(羅生門)
라쇼몽은 쿠로사와의 가장 유명한 작품중 하나다. 소설보다도 영화로 만들어지면서 유명해졌다. 그래서 라쇼몽을 이야기할 때는 소설보다 영화를 예로 드는 경우가 많다.
작가는 도쿄 출생으로 도쿄대 영문과를 졸업했다. 서른다섯이라는 짧은 삶을 살다 갔지만, 문학사에 중요한 위치를 차지할 만큼 큰 영향력과 명작을 남긴 일본의 소설가이다. 그는 소세키의 제자가 됨으로 본격적으로 소설을 썼다. 우리에게는 일본의 신진 작가에게 수여하는 '아쿠타가와 상'의 실제 인물이며 '라쇼몽(나생문)'의 작가로 잘 알려져 있다. 영화가 아쿠타가와 류노스케의 두 단편인 '숲 속'과 '라쇼몽'을 빌렸으나 이 소설을 그대로 따라간 것은 아니고 각색했다. 그 결과는 원작에 못하지 않은 걸작이 되었다. '라쇼몽'에서 액자를 빌리고 '숲 속'에서 내용을 빌렸다. 그리고 왜 걸작이 되었는지를 생각해보자.

소설이나 영화가 말해주고자 하는 것은 사람들은 모두 자기의 관점에서 말을 한다는 것이다. 단순한 일이라도 말하는 사람의 배경이 다르다면 말은 달라진다. 이익이 걸리면 자신이 알고 있는 사실을 거짓으로 만들어서 말하기도 한다. 따라서 진실을 알기란 어렵다고 했다. 사람이란 '말하는 자이다.'라는 유명한 말도 있지 않는가.

 라쇼몽은 하나의 살인사건을 네명이 다른 관점에서 얘기하는 것이 주 내용이다. 그런데 이 내용들이 모두 다르다. 모두 자기의 입장을 담아서 사실을 왜곡하는 것이다. 관객은 끝까지 어떤 내용이 사실인지 알 수 없다. 무엇이 사실일 것인가를 추측할 수 있을 뿐이다.
 전란이 난무하는 헤이안 시대, 억수같이 폭우가 쏟아지는 '라생문'의 처마 밑에서 나뭇꾼과 스님이 '모르겠어. 아무래도 모르겠어' 라며 심각한 표정으로 생각에 잠겨 있다. 잠시 비를 피하러 그곳에 들른 한 남자가 그 소리를 듣고 궁금해 한다. 이들은 이 남자를 상대로 최근에 그 마을에 있었던 기묘한 사건을 들려준다.
 사건이 벌어진 배경은 녹음이 우거진 숲속이다. 사무라이 타케히로가 말을 타고 자신의 아내 마사코와 함께 숲속 길을 지나가고 있었다. 그늘 속에서 낮잠을 자던 산적 타조마루는 슬쩍 마사코의 예쁜 얼굴을 보고는 그녀를 차지할 속셈으로 그들 앞에 나타난다. 속임수를 써서 타케히로를 포박하고, 타조마루는 마사코를 겁탈한다. 오후에 그 숲속에 들어선 나뭇꾼은 사무라이 타케히로의 가슴에 칼이 꽂혀있는 것을 발견하고 관청에 신고한다. 곧 타조마루는 체포되고, 행방이 묘연했던 마사코도 불려와 관청에서 심문이 벌어진다.

문제는 겉보기에는 명백한 듯한 이 사건이 당사자들의 진술을 통해 다양한 진실을 들려준다는 점이다. 즉 무엇이 진실인지 점점 더 알 수 없는 상황에 이른다.

살인사건을 다루는 관청에서 사건에 관여한 증언자의 말은 모두 다르다. 보기로서 사무라이와 산적의 싸움만 해도 그렇다. 먼저 산적 타조마루는 자신이 속임수를 썼고, 마사코를 겁탈한 것은 사실이지만, 사무라이와는 정당한 결투 끝에 죽인 것이라고 떠벌린다. 하지만 마사코의 진술은 그의 것과 다르다. 자신이 겁탈당한 후, 남편을 보니 싸늘하기 그지없는 눈초리였다고 한다. 자신의 잘못이 아님에도 자신을 경멸하는 눈초리에 제정신이 나간 그녀는 혼란 속에서 남편을 죽였다고 진술한다. 하지만 무당의 힘을 빌어 강신한 죽은 사무라이 타케히로는 또다른 진술을 털어놓는다. 자신의 아내가 자신을 배신했지만, 오히려 산적 타조마루가 자신을 옹호해줬다는 것이다. 그리고 그는 스스로 자결했다는 것이다.

그러나 이 사건을 훔쳐 본 나무꾼의 진술은 달랐다. 도적은 무사인 사무라이와 칼 싸움을 한다는 것이 영예로운 일이었다. 그러나 사무라이는 아니었다. 무사가 산도둑과 싸운다는 것은 명예에 관계되는 일이었다. 싸웠다는 자체가 부끄러운 일이었다.

이처럼 엇갈리는 진술 속에는 각자의 입장과 이해관계가 담겨있다. 좀처럼 실체적 진실에 접근할 수 없는 이때, 실은 그 현장을 목격한 이가 있었으니 그가 바로 나뭇꾼이다. 그는 마사코가 싸우기 싫어하는 두 남자를 부추겨서 결투를 붙여놓고 도망쳤다. 남은 두 남자는 비겁하고 용렬하기 짝이 없는 개싸움을 벌였다는 것이다.

어쨌거나 소설의 이야기는 서로 다른 입장을 가진 증인들의 말이 얽히고 설킨다. 각자가 자기에게 유리하도록 말을 하기 때문이다.

일반적으로 나무꾼의 말을 믿는 독자가 많다. 그러나 나무꾼도 물건을 훔쳐간 자신의 이력 때문에 진실만을 말한 것이 아니다. 산적이 남편을 묶어놓고 여인을 겁탈을 했고, 산적과 남편이 여인의 농간으로 결투를 한 것도 사실인 듯하다. 산적과 남편은 개싸움에 가까웠고, 결국 산적이 남편을 죽였다. 나무꾼은 그 현장을 보다가 값나가는 것을 훔쳐서 팔아먹었다.

살인사건이 일어나기까지의 전체적인 줄거리는 이런 듯하다. 그런데, 이 사건에 관여된 사람들이 모두 다르게 진술한다. 그러면 각자가 왜 거짓말을 한 것일까. 산적과 남편은 입장이 비슷하다. 자기들은 멋있게 결투를 했다고 말하고 싶은 것이다. 특히 남편의 경우는 자신을 죽인 산적이 멋진 녀석이었음을 말해서 사무라이인 자신이 비천한 산적에게 죽었다고는 말하기가 싫을 것이다. 여인의 경우 자신의 뻔뻔함을 감추고 싶었다. 자진하지 않고 살아남은 것과 두 남자를 왔다 갔다 한 간사함을 감추고 싶었을 것이다. 값진 물건을 가지고 도망갔다는 나무꾼의 경우는 명백하다.

여기서 누가 어떻게 죽었는가를 밝히는 것은 별로 중요하지 않다. 세상에는 각자 자신의 입장이 있다. 세상을 자신의 입장으로 바라보고자 함으로 진실을 알기는 무척 어렵다. 어쩌면 그 진실은 알지 않는 것이 더 좋은 일일지 모른다. 진실을 알고 나면 우리의 환상이 무너지기 때문이다. 내 나름으로 아름답게 상상했던 일들이 무너져버린다. 라쇼몽의 밑에서 스님과 나무꾼에게 이야기를 듣는 거렁뱅이는 살기위해 남을 죽이는 것이 당연하다고 생각한다. 이것은 삼라만상의 모든 존재에게 주어진 단 하나의 명제이며 극한 상황에 처해서는 인간도 예외는 아닌 것이다. 그럼에도 불구하고 우리가 인간으로 사회에서 함께 살아가려면 측은지심을 가져야하지 않겠는

가라고 얘기하고 있다.

다시 '사람은 말하는 자이다.'를 생각해 보자. 사람이 말할 때는 자기의 생각, 자기의 믿음, 즉 자기의 내면에서 일어난 일을 말하는 것이지, 나의 바깥에서 일어난 일을 말하는 것이 아니라는 것이다. 사람은 말하는 자이다. 수필은 작가가 한 말이다.

소설이니까 스님을 등장시켜 '측은지심'을 이야기하지만, 우리가 사는 이 세상에서는 소설보다 더 자기중심으로 생각하고, 세상을 살고, 자기를 보호하기 위해서 아예 타인을 제거해버리려고 한다. 자기의 입맛에 맞는 온갖 이유를 대고, 온갖 이유로 사실을 거짓으로 만들기도 한다. 이것이 오히려 진실일 것이다. 스님이 측은지심을 말하는 것은 진실을 담고 있는 가치이기 때문이다.

이제 수필쓰기로 되돌아 가자. 수필에서 과연 사실을 기록할 수 있을까. 없다는 것이 답이다. 그렇다면 사실을 폐기하고, 소설처럼 허구로 쓸까? 이것은 더더욱 답이 아니다. 그래서 나는 '진실을 말하자'고 주장한다. 진실은 사실이 아닐 수 있다. 그러나 우리가 추구하는 가치이기 때문에 독자도 공감하면 좋은 수필이 된다.

오늘의 작가란

나는 수필을 쓰니까 남들은 나를 수필작가라고 불러준다. 나는 당연하다는 듯이 받아들인다. 그렇다고 하여 나는 작가란 무엇인가에 대하여 진지하게 생각해 본 일도 없다. 그렇다면 지금이라도 작가가 무엇인지를 생각해보자.

일반적으로 작가를 '문학 창작 활동하는 사람'으로 이해한다. 예술의 다른 분야에서 창작 활동을 하는 사람도 작가라 일컫지만, 특히 문학의 저자로 인식하는 것은 그 만큼 문학에서는 작가를 중요하게 생각한다는 뜻이기도 하다.

작가가 쓴 작품은 작가의 것이라는 것이 일반적인 인식이었다. 작가는 작품의 의미를 만들어 내기 때문이다. 그래서 홍길동이라는 작품을 말할 때 '허균의 홍길동'이라고 말한다. 그러나 1968년에 바르트는 '작가의 죽음'을 말했다. 작가가 작품을 완성하는 순간에 작품은 작가를 떠나버린다. 작품은 하나의 텍스트가 된다. 텍스트란 하나의 의미로 고정된 것이 아니고, 여러 요소들의 집합체이기 때문에 다양한 의미가 만들어질 수 있다. 작가도 작품의 여러 요소들 중에 하나의 요소를 말한 사람일 것이다.

　작품은 작가가 독창적으로 만든 것이 아니고, 사회-문화 등등의 안에 있는 온갖 요소들을 인용하고, 여러 작가의 작품에서(텍스트에서) 모방하여 짜깁기를 한 것이므로 작가의 것이 될 수 없다는 것이다. 작가가 자신의 작품에 주체가 아니라면 누가 주체인가. '작가의 죽음'에서는 작품의 주체가 없다. 다만 작가와 텍스트 사이에는 작가가 말하고 싶어 하는 의도만이 있다. 의도를 드러내고자 하는 작업만이 나열되어 있다. 텍스트를 '담론'이라고도 한다. 그냥 글쓰기의 글이 아니고, 의견을 담고 있는 글이므로 독자들은 그 의미를 자기 나름으로 읽고, 자기의 의견을 말할 수 있다.

　작품에 나타나 있는 작가의 작업을 어떻게 읽고, 어떻게 해석할 것인가가 더 중요하다. 이것은 순전히 독자의 몫이다. 즉 독자가 작품을 완성한다. 작가의 자리를 독자가 차지하였다. 독자가 조명받으면서 그만큼 작가의 위상이 예전같지 않다. 어쩌면 시장원리에서 보면 작가는 생산자이고, 독자는 소비자이다. 소비자가 우선인 오늘의 사회에서 생산자인 작가가 살아남기란 더 어려워졌다고 할까.

문학은 사회와 대립의 관계이다. 대립관계란 사회에 긍정적이기 보다는 비판의 눈으로 바라본다는 뜻이다. 대립관계에서 문학은 자기의 판단으로 사회를 비판하는 자율성을 갖는다. 이 말은 사회에 순응하지 않고 비판하는 것이 바로 문학의 자율성이고, 문학의 목적이기도 하다. 자율성이란 바로 사화를 자유롭개 비판한다는 의미가 된다.

그러나 문학을 둘러싸고 있는 오늘의 사회는 시장원리와 고도의 기술이 투여된 기기들이 만들고 있다.

문학이 시장을 매개로 성립한다는 것을 생각하면 문학이 시장에서 벗어나서 자율성을 가진다는 것은 가능할까. 가능하지 않다면 지금까지의 수필이론이 거짓이 될 소지가 많다. 더군다나 후기산업사회(시장경제)가 펼쳐지면서 문학의 자율성을(앞에서 자율성을 비판이라고 말했다.) 상실했다고도 한다. 문학이 시장경제에 예속되면서 시장의 눈치를 보는 문학산업이 되었다는 것이다.

이에 문학은 고육지책으로 고급문학과 대중문학으로 대립시켜서, 즉 나누어서 시장경제 사회에 적응하려 했다. 고급문학이라는 이름으로 시장과 거리를 둠으로 살아남으려 한 것이다. 문화산업은 대중문학과 직접 연결된다. 문화산업이 시장을 우선시 하면서 문자만을 고수해온 전통적인 문학 양식을 반드시 지켜야 하느냐는 문제를 만난다. 그러나 시장경제에서 살아남기 위해서는 문자만을 고집하는 전통의 문학 양식을 지켜야 할 이유가 없다.

문학의 역사를 따져보면 문자에 의존하는 전통문학도 기술에 의존함으로, 기술 발달에 많은 영향을 받았다. 인쇄술의 발달은 문자만의 문학에 그림과 색채를 도입하게 했다. 문자 텍스트인 문학이 비활자 매체를 더 많이 끌어들이고 있는 것이 오늘의 추세가 되어버렸다. 그러나 인쇄술이라는 기술에 의존하여 발달하였던 문학이 기술 발달이 더 깊어지면서 오히려 사양산업이 되었다는 것은 아이러니이다.

오늘날, 문학에 영향을 주는 발달된 기술에는 PC, 유투브, 카카오톡, SNS 등등이 있고, 요즘은 또 AI라는 괴물이 나타나서 인간의 사고를 사용불능으로 만들려 한다. 이처럼 발달한 기술 매체이더라도 글을 올려 소통하게 되면 책을 떠났더라도 여전히 문자에 의존하는 글쓰기 형식은 그대로 이다. 이처럼 문학이 하이퍼텍스트 형식으로 바뀌는 것이 오늘의 현상이다. 그러나 문자와 동영상과 음향이 함께 어우러져 있는 하이퍼텍스트 형식을 문학이라고 할 수 있을까. 문학이 아니라고 한다면 무엇이라고 불러야 할까. 우리가 이러한 변화에 의문을 가진다는 것은 문학의 정체성에 변화가 왔음을 의미한다.

책의 두 가지 형태를 보자.

책이 나타나는 고대 중국을 보면 죽간을 모은 형태에서 출발했다. 이것은 책과 독자가 직접 만나서 소통하는 방식이다.(직접성) 그러나 하이퍼텍스트라는 시디롬(CD-Rom) 양식의 책은 컴퓨터라는 매체가 없으면 만날 수 없다. 중간에 과학기기가 끼어들어서 만나게 되는 것은 책과 사람이 간접으로 만나는 것이므로 간접성이라 하겠다. 직접성과 간접성의 차이를 보자.

활자 매체에 의지하였던 시대는 사회 지배자가 활자 매체를 통제함으로 (지식의) 확산을 막을 수 있었다. 그러나 시디롬 시대에는 자본과 권력에 의하여 통제된다. 그러나 시대-롬의 통제에는 100% 완벽한 통제를 할 수 없다. 틈이 생긴다. 작가는 이 틈새를 통하여 탈중심주의와 차이를 들고 나와 숨을 쉴 수 있어야 하는데(통제하려는 사회 지배자와 자본가의 빈 틈을 비집고 나와서 자율성을 지켜야 하는데, 자본과 권력의 영향력이 오히려 더 커진 오늘에는 틈새를 이용하기도 어려워졌다. 그만큼 기술의 발달이 틈새까지도 막아버린다.

기술의 발달은 작가가 전통적인 방법으로 의미를 제시하지 않도록 한다. 이야기 형식을 비틀고, 비논리적인 요소도 들어오고, 여기에 시장논리마저 끼어들어 우리가 신조로 믿고 있는 합리성을 벗어난 주장들이 인기몰이를 한다. 오늘의 문학에서 이야기와 의미가 따로따로 놀고 있는 구조도 흔하다. 이것을 통합하고, 마무리하는 사람은 독자이다. 앞에서 바르트의 주장을 소개하면서 '작가의 죽음'이 나타난 자리를 독자가 메꾸고 있다.(작가의 죽음은 너무나 유명한 이론임으로 설명을 생략합니다.)

   문학의 중심이 소설과 시이고, 수필은 변방이라는 사실은 어쩔 수 없다. 그만큼 수필문학이론이 독자성을 지녔다고 하기보다는 소설이론을 빌려 올 수밖에 없었다. 소설이론을 하나 가져오면, '기존의 소설 형태를 최소한 유지하며, 소설을 넘어 새로운 소설을 찾아나서는…'이라는 말에, 소설의 자리에 수필을 넣으면 수필이론으로도 적용할 수 있다. 수필 형태를 최소한 유지하면서 수필의 너머의 새로운 수필을 찾아나서는….

   작가는 이야기 만들기와 의미 담기를 따로따로 한다. 작가가 이야기에 의미를 담지 않는다는 것이 아니고 의미를 담아도 이야기를 읽고 의미를 만들어 내는 것은 독자의 몫으로 넘겼다는 것이다. 독자는 작가가 숨긴 의미를 찾아내는 것이 아니고, 독자가 의미를 만들어내는 것이 독서라는 것이다. 작가에 의한 장치 만들기와 독자에 의한 장치에서 의미 뽑아내기가 어우러져서 문학이 완성된다는 이론이다. 수필에서 독자는 작가의 의미를 찾아내는 것이 아니고 수필을 읽고, 자신의 경험과 자신의 지식을 동원하여 의미를 창출해내는 것이 수필읽기이다. 독자는 담긴 의미를 단지 수용만 하는 존재가 아니고, 창조해낸다는 것이다.

  작품은 작가의 환상에 지나지 않는다고 말하면서 작가의 존재를 약화시켜버린 것이 오늘이다. 이처럼 푸대접을 받으면서도 작가가 글을 쓰는 이유라면 '소명의식' 때문이다. '소명의식'이란 글을 쓰지 않을 수 없는 작가의 욕망이라고 해야 할까. 작가가 소명의식을 던져버리는 순간에는 더 이상 작가도 아니다.

  오늘은, 문학이 존재하는 공간은 극도로 불투명하다. 문학은 예술의 중심 장르에서 변두리로 밀려난 느낌이다. 문학을 공부한 많은 두뇌들이 글쓰기 대신에 영상물 연출로 나가는 것이 오늘의 현실이다. 문학 작가는 안개에 갇혀서 방향도 알 수 없는 공간 속을 헤엄치고 있다. 불투명성에는 문화산업, 멀티미디어, 사이버스페이스 등등이 관여하여 활자에 의한 글쓰기는 돈벌이가 어렵다는 이유를 들면서 외면함으로 안개를 더 짙게 한다.

  시장의 역동성을 지배하는 것은 후기자본주의 사회에서 자본이다. 이런 환경에서 문인이 자신의 위치를 지키는 일은 힘든다. 힘든다고 헤엄을 멈추면, 그 순간부터는 작가가 아니다. 문인이라면 아무리 어려운 환경이라도 헤엄을 치는 일 외에는 할 일이 없다. 작가는 글 쓰기를 멈추면 작가가 아니기 때문이다. 그래서 소명의식이라고 하였다. 살아남기 위해 문학 환경을, 기술 매체로 도배 된 오늘의 환경을 잘 이용하는 것은 작가에게 남겨진 숙제이다.

우리 수필작가님은 얼마나 고민하면서 글을 쓰고 있습니까.

이동민 수필론

에세이로 써 본 나의 수필론

인쇄 2025년 9월 10일
발행 2025년 9월 15일

지은이 이동민
발행인 서정환
펴낸곳 수필과비평사
주소 서울시 종로구 삼일대로 32길 36(익선동 30-6 운현신화타워) 305호
전화 (02) 3675-3885 (063) 275-4000
팩스 (063) 274-3131
이메일 essay321@hanmail.net
출판등록 제300-2013-133호
인쇄·제본 신아출판사

저작권자 ⓒ 2025, 이동민
이 책의 저작권은 저자에게 있습니다. 서면에 의한 저자의 허락없이 내용의 일부를 인용하거나 발췌하는 것을 금합니다.
COPYRIGHT ⓒ 2025, by Lee Dongmin
All right reserved including the rights of reproduction in whole or in part in any form.
저자와 협의, 인지는 생략합니다.
잘못된 책은 바꿔 드립니다.

ISBN 979-11-5933-589-1 03810
값 15,000원

Printed in KOREA